名門公立高校
受験道場流

自学力の育て方

受験突破だけで
終わらないために

名門公立高校受験道場・編

KADOKAWA

一柳忠宏

名門公立高校受験道場主宰・県立浦和高校受験専門塾 雄飛会塾長

名門公立高校受験道場とは？

　名門公立高校受験道場は、県立浦和高校受験専門塾雄飛会の一柳が横浜翠嵐受験専門塾岡本塾の岡本塾長、岡山朝日受験専門塾進学塾サンライズの小﨑塾長に声をかけ、地域名門トップ校への合格者育成のためのノウハウを結集しようと3塾から始まりました。「地域トップを目指すだけでなく、大学受験も見据えて、全国のライバルたちとの切磋琢磨ができる環境を整えていこう」という考えのもと、徐々に実力派個人塾塾長の参加が増えていきました。

　2021年現在、全国27都道府県において地域のトップ校に合格者を輩出する実力派個人塾長が51人参画し、日々切磋琢磨する集団となっています。模試の共同開催も毎年行っています。また業者模試の全国のトップは道場参画塾の生徒たちでほぼ独占されているところです。参画塾の生徒さんたちの頑張りや優秀さが際立っています。

VUCAな時代の「地図なき航海」へ

　現代は、Volatility（変動性・不安定さ）、Uncertainty（不確実性・不確定さ）、Complexity（複雑性）、Ambiguity（曖昧性、不明確さ）の頭文字をとってVUCAな時代と呼ばれています。未知なるウイルス、グローバル化、多極化、

多様性の高まり、人工知能の発展など、社会が激変し混迷を極めつつあるのを肌で感じていると思います。

　久しく言われ続けてきた「名門校へ、難関大学へ、そして大企業へ就職すれば、安定した人生！」的な地図の消滅が加速しているとも思えます。そして、我々大人たちは誰も今後の「新しい地図」を持っていないわけです。そんな時代に我々はどんな羅針盤を持ち、子供たちのどんな力を育てればいいのでしょうか。

「地図なき航海」の羅針盤を！　それが「自学力」養成

　個人塾の塾長はサラリーマン的教室移動もなく、アルバイト講師のような卒業もありません。教え子たちが名門高校に進学後、また就職活動中、そして社会人となっても付き合いが続きます。どんな力を育てればたくましく、強く、しなやかに活躍し、豊かな人生を送れるのかを見てきています。色々な塾長と話し合いをする中で見えてきたもの、それが「自学力」です。そして「地図なき航海」において、今後さらに重要になってくるのが「自学力」だという認識が共有されています。

　プログラミング教育や英会話も大切です。そういう時代に合わせた科目の学習をする際も含めて、「自学力」は本質的な力、根っこになる力になります。

　時代が変わっても、いやむしろ今後、重要性が増す力です。人生100年時代と言われていますし、急速に知識も陳腐化する時代です。我々大人も学び直しを定期的に行っていく必要が出てきています。だからこそ、子供たちにはただの受験勉強をするのではなく、受験勉強を通して、腐らない「自学力」を身につけてほしいと思います。

教育ある人間とは、勉強し続けなければならないことを自覚している人間のことだ──ピーター・ドラッカー

　今回、この本では、「自学力」とは何か？　「自学力」の育て方とは？　をテーマに、道場が認める実力派の塾長たちに秘訣を公開してもらいました。すべての人にピッタリと当てはまるような教育法は存在しないと思います。しかし、大切なことを思い出すきっかけやノウハウが満載です。気になる考え方やノウハウを取り入れることで、日ごろの教育観をアップデートしていただければと思います。

名門公立高校受験道場ホームページ
https://meimonkouritsu.com/

名門公立高校受験道場流

自学力の育て方

受験突破だけで終わらないために

— 目次 —

はじめに（一柳忠宏）　　3

CHAPTER 1

自学力と親子関係

合格の「格」の正体、
不変の学力である「自学力」を育てよう！（一柳忠宏）　　12

自学力で受験もラクラク突破
―30年の指導経験から（天野雅紀）　　23

3000人以上を育ててきたエイメイ流！
受験勉強での飛躍力の身につけ方（川上大樹）　　26

対談 自学のできる子・できない子とその親
（宮永裕介・石橋凌・米本祐樹・横山眞己）　　38

親子の絆を深め、子どもを自立・目標達成体質に変える
「親子コーチング」（諏訪孝明）　　43

自学力を高めるために親子で回す
「PDCAサイクル」（諏訪孝明）　　56

待てる親が伸ばす学力
〜見守ることの難しさ〜（中川重明）......69

反抗期の子供との
付き合い方（親の接し方）（平田賢悟）......73

我が子は25年後に
幸せな人生を送れているのか？（後藤高浩）......79

婚活のいま〜私が学習塾に
結婚相談所を併設した理由〜（後藤高浩）......83

CHAPTER 2
自学力とテスト勉強

自学力を育むくにたて式テスト勉強（國立拓治）......88

記憶のメカニズムによる上位校突破勉強法（齋藤明）......92

自学力向上のための文房具（満森圭）......95

正しい一夜漬けのしかた（小島正義）......99

自学力を高める1日5分の
メンタルトレーニング（衣笠邦夫）......103

CHAPTER 3

自学力と好奇心

親子で育てる知的好奇心の芽（六人部鉄平）――― 108

好奇心の水やり〜自由研究を通じて〜（根本崇司）――― 112

リケジョ育成　女性的アプローチによる
知的好奇心・探究心の根っこの育て方（近野瀬里乃）――― 116

博物館・美術館・水族館・映画館で
体験経験値を（満森圭）――― 122

CHAPTER 4

自学力と学習法

高校生になるまでに
自学できる子に育てるワザ（岡本充央）――― 128

早めに構築すべき科目別・自学力のベース
【数学編】（小﨑高寛）――― 140

早めに構築すべき科目別・自学力のベース
【国語編】（平田賢悟）――― 156

「答えのない問い」に向き合うための
自学の力について（佐藤陽祐）————————————— 168

早めに構築すべき科目別・自学力のベース
【英語編】（本松浩一）————————————————— 172

早めに構築すべき科目別・自学力のベース
【理科編】（歳弘明）————————————————— 182

早めに構築すべき科目別・自学力のベース
【社会編】（ごんぼっち）——————————————— 195

正しく理解することが自学力を高める（阿部翼）————— 207

名門高校合格後に燃え尽きない学習法のコツ
〜知的好奇心の余熱で点数・合格を勝ち取る〜（ごんぼっち）——— 211

CHAPTER 5

自学力と
名門公立高校受験

名門公立高校にチャレンジする価値（中川重明）————— 224

本番に強くなる
受験に活かせるメンタルトレーニング（衣笠邦夫）——— 228

名門公立高校に通わせるメリットを最大限に活かす！
潜在意識を活用し、
自学力を向上させる方法とは（本松浩一）──────── 232

自学力がある子ほど号令をしっかりする（ごんぼっち）──────── 242

塾紹介──────── 246

おわりに（岡本充央）──────── 252

CHAPTER 1

自学力と親子関係

合格の「格」の正体、不変の学力である「自学力」を育てよう！

一柳忠宏（雄飛会：埼玉県）

▶1. VUCA な時代に「自学力」を！

（1）「自学力」とは何か？

「はじめに」に続いて詳しく見ていきましょう。まず、「自学力」とは何かというと、「**自ら目標を立てて、主体的に学ぶ力**」、「**自分なりの勉強法を確立する力**」のことです。それは VUCA な時代において、社会で通用するためにも、そして受験において合格するためにも必要な力です。高校はトップ校に合格したけれど、そのあとは成績が伸びずに深海魚になってしまったとか、東大には合格したけれど、社会では通用しない人間になってしまったとか、そういう話はよくあります。それは「自学力」を育てずに成績だけを無理やり上げてしまった例です。「他律」され、「依存」し、自走できなくなってしまったということですね。

雄飛会では受験勉強を通じて「自学力」を養成し、名門公立高校合格に生徒たちを導いています。**自らを律し、自分でやるべきことに気づいて主体的に取り組み、結果から修正をして自らの勉強法をブラッシュアップしていけるよう**に指導しています。

（2）「自学力」を磨き、野鴨たれ！

「自学力」のベースになる考え方として、IBM という会社が大切にしていた「野鴨の精神」というのがあります。キェルケゴールという哲学者のお話が原典です。

　毎年秋ごろになると、鴨の群れは食べ物を求めて南へと旅立っていきます。ある日、近くに住む老人が親切心から鴨にエサを与え始めました。すると、冬になっても、その鴨の群れは南に飛び立たなくなってしまいました。いつでも食べ物にありつけるので、鴨たちはぶくぶく太っていき、しまいには飛ぶことすらできなくなりました。そして老人が亡くなってしまい、その飼いならされた鴨たちは、エサのある南に飛んでいくことはできずにすべての鴨が死んでしまいました。そんなお話。

　例えば、今ではさすがに著作権の問題もあり少なくなってきているとは思いますが、かつて学校の定期テストで「これだけやれば大丈夫」と過去問を配って対策する塾が多くありました。生徒たちが「やるべきこと」に気づく前に、魔法のプリントがサービスされるわけですね。点数アップも成績アップも大切ですが、言われたことしかできない、言われたことすらできないように育てるとはこういう方法なわけです。**他律依存教育**といいます。一見親切に見えるけど、余計なお世話でしかない老人と同じです。残念ながら、大学受験になれば全く通用しません。社会に出てからは、そういう過去問はありません。誰も魔法のプリントを提供してくれないわけです。また、今流行りの人工知能をうたい文句にする、できない問題が機械的に繰り返し出題されるといったサービスも、「自学力」養成においては考えものですね。

（3）盆栽の鉢植えをぶっ壊せ！

　本田宗一郎も盆栽を育てるような教育に警鐘を鳴らしています。

「子ども自身がやらなければならないことまで、親がみんなやってしまう。ちょうど盆栽の手入れと同じだ。朝に晩に、水は足りてるか、害虫の心配はないか、気温が高い、冷え込みが強いと、その心づかいと手間暇は大変なものである。盆栽はそうしなければ枯死してしまう。人間がこれではこまるのである。せっかく大きく伸びようとしているものを、小さいままで終わらせてしまう。雨が降ったって、嵐がきたって『オレは絶対に動かないぞ！』って大地に根を張る、立派な木にそだてなければならないのが、人間の教育であると思う。」

▶2.「自学力」ジャーニー
（1）【ベースキャンプ】まで

最初から自学力を育てることはできません。**まずは【ベースキャンプ】までは一緒に楽しく丁寧に登ってあげてください。**【ベースキャンプ】にたどり着くまでに、社会に対する好奇心を育てること、基礎学力をしっかりつけること、学習習慣をつけることが求められます。勉強嫌いにしないことが鉄則になります。またゲームなどの瞬間的に快楽を得ることに慣れさせないでください。山

登りで苦労したあとに山頂からの景色に感動するような、時間と労力をかけて得られる快楽が大切です。パズルなどの脳に汗をかいて得られた知的興奮を喜べるように育てたいところです。ここを並走することなく「自学力」養成のステージに行こうとしてしまうと、全く「自学力」が伸びないばかりか、成長できない負のスパイラルに陥ります。【アタック】をする上での基礎体力だと思ってください。親御様の並走力が問われますが、結果をすぐに求めて慌てないことです。

（2）【ベースキャンプ】から【アタック】を繰り返す

　中学生の山頂への【アタック】は、定期テストです。出題される範囲が決まっていて、そして期日も決まっている状況が良い練習になります。ワークを徹底するということが求められますが、徹底するにはどのくらい時間が必要なのか、「わかる」と「できる」の差をどれだけ埋められるのか、一問一問「できない」ものを「できる」ようにしていく感覚など、とても大切で基本的な「自学力」の要素がすべてそろっているのです。順位や点数で結果を判断しやすく、反省・修正もすぐにできます。定期テストのような比較的標高の低い山頂へのアタックでどれだけ自学力を鍛えられるかは、高校受験だけでなくすべてのベースになります。セルフマネジメントをどれだけの精度で鍛えることができるのか。出題範囲が決まっている定期テストで結果を出せないレベルにとどまるようでは、出題範囲がない本番の受験では結果が出るわけがありません。そして「自学力」を鍛えながら、高校受験、大学受験、そして人生とより標高の高い山へのアタックをしていき、それぞれの山頂、そしてそこから見える景色を目指していきましょう。

（3）大切なのはメタ認知能力を高めていくこと

「自学力」養成において、もっとも重要なのは「**メタ認知能力**」です。自分を客観的に分析して、行動の修正を図れる能力のことです。雄飛会においては幼い心を捨てて、大人になることと伝えています。幼さとは、自己中心的で客観的に自己を見つめることができず、「こうするべき」ではなく「こうしたい」が優先されることです。

第一番に稚心を去らねばならぬ——橋本佐内

現在地を把握し、見たい景色を設定し、そのギャップを埋めていく行動は何かを考える。そして自分の弱い心に打ち克ち、継続してその行動を積み重ねていく。それができるだけで受験だけでなく人生も豊かになります。まずはサボっている自分に気づけるかどうか。やるべきことに気づけるかどうか。そして重要なのは、この**メタ認知能力は自分だけではなかなか鍛えられない**ということです。大人が伴走者としてメタ認知を発達させるコミュニケーションをとり続ける必要があります。言語化をしながら、近視眼的な発想にならないように本質的・長期的・根本的な思考を促していく必要があるのです。超一流スポーツ選手や活躍しているビジネスマンですらコーチングを受けていますし、当然、幼い心をもった子どもたちにはそういった伴走者が必要です。

（4）心を耕し、根を伸ばせ！　名門へのアタックで必要な力とは？

メタ認知能力を高め、幼さを捨てるということは、どんな力を育てることなのか。雄飛会では「飛躍する5つの雄飛力」や「雄飛魂・雄飛スピリッツ」という言葉をよく使います。

まずは【向上心】。

　昨日の自分よりどれだけ成長できるか、どこまで自分の力を伸ばせるかを意識することはとても大切です。他人と比べることよりも、自分の成長に自分で責任を持って一歩一歩登っていくことができるかどうか。

精神的に向上心のないものは馬鹿だ──夏目漱石『こころ』

　どこまでいけるのか、そんな可能性にワクワクする心や挑戦する心をしっかりと育てたいですね。

　2つ目は、【克己心】。

　己に打ち克つ心です。大人も含めて、人間は弱いものです。より良い選択肢があるにもかかわらず、常に安易な選択肢を取りがちです。「疲れたな。今日は寝ようかな。明日もあるしな。」これを積み重ねて凡人になっていくのです。さらに凡人は、克己心を使うべき場面にすら気づかずに寝ています。その場限りの快楽に溺れる選択肢、将来につながる選択肢など、色々な選択肢に気づき、【克己心】で将来につながるより良い選択肢を選びきる、そんな心を育てていきたいものです。

人生は克己の二字にある。これを実行するところに成功があり、これを忘れるところに失敗がある──安田善次郎

　3つ目は、【継続力】。

　水は100℃になって沸騰すれば、水蒸気になって体積が1700倍になります。その爆発力が蒸気機関として利用され、歴史を変えました。99℃までは水のま

まです。【継続力】を発揮し、小さなことを臨界点まで積み重ねなければ、ぬるま湯のままで意味のある結果や成長は見込めないのです。イチローは、高校での寮生活の際、3年間毎日10分間の素振りをしていました。イチローが「誰にも負けない努力」と呼ぶこの素振りは、【克己心】×【継続力】の賜物です。

やるべきことを、やりたくない瞬間ややらない理由が生まれたとき、
そんなときこそ継続する
それを努力と呼ぶなら、自分は努力した——イチロー

自分の限界をちょっと越えることを繰り返すことで
いつの日かすごくなった自分に気付く——イチロー

4つ目は、【徹底力】です。

井戸を掘るなら、水が湧くまで掘れ！——石川理紀之助

結果を出すための執念やしつこさを上位層の生徒たちは持っています。同じ勉強をしていても差がついてしまう理由が【徹底力】があるかないかです。「これでいいや」という中途半端さが大きな差になっていきます。もうあと1ページ、もうあと5分、もうあと1回、この徹底をものにすることが重要です。「やり切る」こととも言えますが、この「やり切る・やり抜く」能力は「やり切る・やり抜く」経験からしか生まれません。

そして最後は、【突破力】。
「量が質に変わる瞬間」を経験することがとても重要です。この【突破力】は、

【徹底力】×【継続力】で生まれてきます。これを定期テストや高校受験などの早い段階での標高の低い山へのアタックで体感させたいところです。人生には必ず壁が出現し続けます。それに挑戦できるか、壁を前に立ちすくむかが決まってきます。

　成績なども上へ上へと求めてしまうのが親です。より標高の高い山へのアタックを成功させる秘訣は、ベースキャンプからアタックを繰り返す中での、下へ下への「心根の伸ばし方」にあるのです。それが結果的により高い山へのアタックを可能にし、実りある人生につながっていくのです。「盆栽ではなく、大樹へ！」ですね。「良樹細根、高樹深根」と言いますが、大樹には目に見えない根が大切です。促成栽培では大樹は育ちません。

【突破力】＝【徹底力】×【継続力】
その徹底と継続を支えるのが【向上心】と【克己心】
【尽己】しているかという自問自答を添えて。──雄飛会

▶ 3.「自学力」をグイグイ育てる親になるために
（1）「自学力」を育てる「ほどよい距離感」を
　距離感を間違って育ててしまうと、「自学力」を育てるどころか、主体性がなくなっていきます。そして自立から遠ざかっていきます。子育てには正解も間違いもないですが、距離感を間違うと、「間」が違う子育て、間抜けになってしまいます。①放任はするが、放置はしない。②見守りはするが、過干渉・過保護にはならない。③子どもの失敗を笑い飛ばせる余裕を持つ。④失敗したときに寄り添い、どうそれを活かしていくかを一緒に考えてあげる。⑤支援を求められれば、一緒に悩み、手助けや少し先を見た助言は惜しまない、そして

一緒に乗り越える。ポイントは、**子どもに「考える余白」を与えて、「考える癖」をつけさせること**です。あまりにもメタ認知ができていないようであれば、その状況を認識させるようなコミュニケーションは必要です。その上で、どうするかは自己決定させる。そして決めたことをやり切らせる、そこから生まれる小さな成功体験を積み重ねさせることが重要です。コミュニケーションで「5つの雄飛力」を引き出しながら、寄り添い見守る感じでいきましょう。子どもたちにメタ認知を発揮させず、考える余白を与えないで、大人が考えたことを大人が決定し、押し付け、やらせることにはならないようにしましょう。安心して失敗できる環境と親子関係が「自学力」養成には非常に重要です。その安心がないと挑戦できませんし、萎縮してしまうことで最終的に主体性というものはしぼんでなくなってしまいます。

（2）「ほど良い距離感」を保ち、説得力より影響力を持つ方法

「ほど良い距離感を取りましょう」と言っても難しいですよね。自然と良い距離感を保ち、子どもたちに良い影響力を持つ方法は一つです。それは、**大人自身が「自分の志」という山頂へアタックをしている姿をみせること**です。自分の仕事や人生が充実していると、自然と良い距離感を保つことができます。そして言葉で子どもを変える説得力を持たずとも、影響力を持つことができるのです。自分の人生が充実していない大人、アタックをしていない大人は説得力すら全くないのにもかかわらず、子どもの人生にべったりと関わってしまいます。そして自分の人生もままならないのに、なぜか子どもに威張り散らす傾向があります。暇すぎるのです。自分ができもしなかったこと、できもしないことを子どもには求めてしまうのです。「向上心を持って自分の人生に挑戦し、輝いていますか？」という質問を子どもたちは口には出しませんが、無意識に我々大人に問いかけていると考えてください。

▶4. 名門公立高校へのアタックを利用し、人生を豊かにする「自学力」を

（1）「合格」という文字は「格に見合う」と書く！

　名門公立高校に合格することに価値があるというよりは、それが求める「格」に挑戦することに価値があります。「何が何でも名門公立高校合格を」という親の執着を捨てましょう。合格してもその執着が行き着く先は、悲劇です。名門公立高校へ子どもたちが主体的に挑戦することがまずは重要です。そしてその挑戦の中で「自学力」が身につき、名門公立高校の求める「格」が育つことが重要です。いずれ必ず花が咲き、実がなります。

　他者をマネジメントするためには、まず自分自身をマネジメントすることだ
──ピーター・ドラッカー

（2）「自学力」を磨き、「自走型非代替可能人材」へ

　世に生を得るは事を成すにあり──坂本龍馬

　子どもたちだけでなく我々大人も、その人にしか成就できない偉大な使命を持ってこの世に生まれてきていると私は信じています。その使命に目覚め、「自学力」を磨きながら一歩一歩ひたむきに努力を重ねていきたいものです。雄飛会では「君がなりうる最高の君になれ。合格なんて、ただの通過点だ。」という言葉を伝えています。「自分を育てるのは自分以外いない。人生の主人公は君だ。自分で自分の人生を創り上げろ。その監督、責任者も君以外いない。」という言葉に刺激を受けてほしいなと思っています。VUCAな時代、「地図なき航海」において、登るべき山は人それぞれ違う時代です。そんな新しい時代に、「自学力」を磨いた「**自走型非代替可能人材**」となって、それぞれの山頂

ヘアタックし、社会に貢献して素晴らしい景色を見てほしいと考えています。

たったひとりしかいない自分を
たった一度しかない一生を
ほんとうに生かさなかったら
人間、生まれてきたかいがないじゃないか——山本有三『路傍の石』

挑戦する受験で、
心を耕し、根を育て、
雄飛スピリットを身につけよう！
自律し、自立し、自走できる生徒へ！
一燈照隅、日本・世界のどこかを支える人間に！
Control yourself !
Catch your learning !
Create your future !——雄飛会

自学力で受験も
ラクラク突破
―30年の指導経験から

天野雅紀（TOP進学教室：香川県）

▶1. 教えるだけでは伸ばしきれない

（1）塾で先取りすれば合格できる？

「早い時期から塾に通って問題を解くテクニックを教えてもらえば、得点力が身に付き成績も上がって、志望校に合格できる」という通塾に対するイメージがあるかもしれません。確かに多少はそういう生徒もいるでしょうが、実際にはそうではありません。

　私は現在香川県で塾を開き、小学生、中学生、高校生を指導しています。以前は東京・神奈川の受験生を指導していました。難関私立受験生の指導です。その進学塾は1クラス40〜50名の一斉指導を行い、合格目指してどんどん先取りの授業を進める方針で、私もガンガン授業を進め、レベルの高い指導を行いました。ここまで言えば、その授業で合格につながったのでは？と思われるかもしれませんが、実はちょっと違います。

（2）成功の秘訣は授業ではない

　その進学塾では、ほとんどすべての塾生が、志望した難関私立に合格するという合格率でした。その秘訣は、実は「授業」だけではなく、**「授業以外」**にありました。毎回の授業中に行う「テスト」は採点の後に返されますが、「間

違い直しレポート」が宿題として必ず課されます。間違った問題の過程を書き、どうして間違ったのかを自分で分析して、レポートを提出します。単なる「間違い直し」ではありません。関連事項も調べてレポートに書きます。中には、関連事項の分量の方が多くなっている塾生もいました。また、「夏期講習」「冬期講習」などの期間中には、授業の前後に「自習時間」が設定され、その時間帯に自分で予習・復習を行い、授業内容の定着に努めていたのです。「**教えるだけでは伸ばしきれない、自分で考えてこそ力は伸びる**」という考えのもと、行われていたことです。

▶2. 自ら塾を開いて
（1）教えすぎ

その進学塾での経験を踏まえて、香川県に帰郷し塾を開きました。最初は一斉指導で教え込んでいました。授業時間内のほとんどすべてを私が話して教え、塾生はノートをとるのに精一杯の状況であったように覚えています。もちろんそのやり方で成績も向上し、合格も手にすることができ、また塾生数も増えていきましたが、塾生の力を伸ばすには限界を感じ始めていたのも事実です。塾生たちは私が授業で教えたことは理解し、テストでも得点できるようになっていましたが、授業では取りあげなかった問題に出合うと「教えてもらってません」という反応をすることも増えてきたのです。時間があればいくらでも教えることはできるのですが、時間的な制約もあります。どうすればこの悩みを解消できるか考え、前職の経験と比較してみることにしたのです。

（2）足りないのは塾生自身が考える時間

明らかに違っていたのは、塾生自身が考える時間でした。前職では、授業以外に「間違い直しレポート」を作成する段階で「自己分析」する時間がありま

した。しかし、その時の私の授業は私が一方的に教え込むスタイルでした。「間違い直しレポート」もなければ「質問時間」もありません。ましてや、「自習時間」や「自習室」もありません。塾生自身が考える環境を作っていなかったことに気づきました。

▶ 3.「教え込む」から「自ら考える」へ

「塾生自身が考える時間を作ろう」との思いで、学期の途中でしたが一斉指導をやめ、個別対応に変えました。とはいえ、机の横につきっきりの指導ではなく、自分で考えて解けたら私のところに持ってくるスタイル。もちろん、考えても分からなければ持ってきても OK。そういう形式に変えました。塾生に戸惑いはあり、最初は上手くいかないときもありましたが、徐々にやり方にも慣れてきて、成績も向上するようになりました。

　また時期を同じくして拡大移転したこともあり、その当時には珍しかった「自習室」を設置しました。辞書や参考書・図鑑なども多数置いて、自ら学習に取り組める場所を作ったわけです。その効果もあり、一気に塾生の成績も上がり、合格実績もよくなりました。

　それから 20 年以上経過しましたが、今日もなお、自ら学習するスタイルは変わっていません。自習室に来て勉強する塾生も日々絶えません。その勉強している姿を下級生が真似て勉強する、そういう流れができています。塾は指導する場ではありますが、自学力を身に付けさせる場でもあると日々実感しています。

3000人以上を育ててきた エイメイ流！ 受験勉強での 飛躍力の身につけ方

川上大樹（EIMEI グループ：埼玉県）

▶1. 教育学習塾

（1）教育学習塾とは

　エイメイ学院・明成個別・Elena 個別女子・EIMEI 予備校を運営する EIMEI 教育グループは、令和 3 年現在埼玉県に 11 校舎を展開しています。過去に 3000 人以上の生徒を指導してきた学習塾です。我々は「**教育学習塾**」と名乗っております。

　うちの塾の生徒は、定期テストでは毎回地域の学校の学年 1 位やトップ 10 をたくさん獲得します。過去に 500 点満点を取った生徒は 2 人、平均点以下だった生徒が学年 1 位を取るまでになったこともあります。

　我々が長年塾を経営する中で大事にしてきたことがあります。もちろん学習塾ですから、生徒の成績を上げること、志望校合格のために全力を尽くしております。しかし、生徒の成績が上がって志望校へ進学できたら、我々の仕事は終わりなのでしょうか。生徒が第一志望校へ進学できたとしても、そこで赤点を取ったなどと聞くととても虚しくなります。卒業生が有名大学へ進学しても、目標がなくなった途端に無気力になってしまったりしたら、塾としてとても無力感を覚えます。

　やはり、塾在籍時代はもちろん、**卒業しても生徒がイキイキと輝いていてほ**

しいんです。そのために必要なことはただの成績アップだけではありません。成績アップや受験に挑むその過程と、さらにその先が大事なのです。成績アップや志望校合格は目的というより手段です。大切な生徒たちには、日々の勉強や受験を通してこの困難な時代を生きる力を身につけてほしいのです。

（2）受験は格好の教材

　子どもたちが生きる力を身につけていくために、受験は格好の教材です。目標を掲げてそれに向けて一生懸命努力し、時には誘惑に負けそうになり、軌道修正したり、自己を奮い立たせたり、成功したり失敗したり、逃げ出したくなったりすることもあるけれど、思い留まってもう一度がむしゃらに受験に挑む。そうやって志望校合格を勝ち取っていく。これって、**人生そのもの**かな、と思うんです。

「勉強や受験を通して、この困難な時代を生きる力を身につけてほしい」。こういった理念を堂々と掲げることで、私たちはただの学習塾ではなく「教育学習塾」を名乗るようになりました。

（3）大切な生徒だからこそ

　世の中は混沌としております。コロナ禍は当然ですが、それ以前も常にこの世の中を生き抜くのは簡単ではありませんでした。

　比較的環境が恵まれていると言われるこの日本でさえ、年間自殺者が2万人以上もいるんです。この数字は最近の世界での戦争（紛争）の死者数に匹敵するほどの数になっています。それが毎年です。

　我々大人は、この戦場ともいえる社会に大切な子を送り出すわけです。武器も持たずに送り出せましょうか。もちろん武器といっても、この特殊な戦場では銃や槍では何の役にも立ちません。この社会で役に立つ強力な武器になるの

が、自分で力強く生き抜いていく力。

　我々はそれを「**自学自伸**」**の力**と呼んでいます。

　世間で言われる「自学」というよりもっと深い意味で、人生をより良く生きるのに必要な様々なことを含めて「自学自伸」と表現しています。文字通り、自分で学び、自分で伸びることです。

▶2.　自学自伸

（1）自学自伸について

　自分で学び自分で伸びる力「自学自伸」を実現していくには、

①目標設定とその管理

②自学技の修得

③質問力

④勉強の習慣化

この４つの柱が大切になってきます。

　時々塾に入れば必ず成績が上がると信じ切っている方がいますが、それは間違いの始まりです。塾は魔法使いでも超能力者でもない。むしろそうであってはいけないんです。だって魔法が解けたら終わりでしょう。塾に入れば成績が自然と上がる、そんなことはない。

　これはある意味、我々自身が塾の力の限界を認めることでもあると思います。成績を上げるには、何より生徒自身の地道な努力や、勉強への姿勢の改善が大切なんです。

「俺の言った解き方でやれば点数は上がる」そう言う先生は、生徒を本当に伸ばす気はない。

　自己満足です。塾は、本人が自分の力でできるようにしなくてはならないはずです。

究極は、塾なんて不要な状態です。そのために我々は「自学自伸」の力を主張しています。

　生徒自身で目標設定をし、今やるべきことを理解してスケジュールを立てて管理し、時には修正し、淡々と取り組み、理解し、学び、必要なら手助けを（能動的に）受ける。これが自然にできている状態が「自学自伸」が身についた状態です。

　この力を持っている人は、社会人になってももちろん自分で問題発見を行い、その解決に必要なことが考えられるんです。そして、必要なら他者の力を借りて、自分で問題を解決していけるんです。そして解決した暁には、次の問題が見えているんです。こういった人間が、これからの社会では求められているのではないでしょうか。

（2）「自学自伸」はすぐに結果が出ない長い道のり

　本当に良い先生とはどんな先生でしょうか。いつでもすぐにわかりやすく丁寧に教えてくれる先生でしょうか。確かに先生がつきっきりで生徒に丁寧に教えていれば、当然生徒はスッキリするでしょうし、その瞬間は勉強した気にはなるでしょう。でも、このとき、生徒は本当に伸びていますか？　一ヶ月後には同じ問題が解けないとか、今この瞬間にも少しひねった問題を出したら解けない、なんてことではダメなんですよ。

　生徒が伸びるときは、例外なく本人が頭をつかっているときです。頭に（ときには精神にも）負荷がかかっているときです。自学自伸の力の定着には「余白を作る」「なるべく教えない」「待つ」「適切に導く」「自立させる」ことが欠かせません。本当に長い道のりです。それを塾講師や学校の先生や保護者の方は意識しないといけません。

（1）目標設定とその管理
❶目標にすべき適正レベルと管理

テストや何かの取り組みで、目標を掲げることが大事なのは言うまでもないですよね。まず、その掲げる目標のレベルについて書きたいと思います。

ありがちなたとえ方で、「馬に人参をぶら下げる」というものがありますが、人参が極端に遠すぎたら、馬は届きそうもないと判断して全力疾走はしませんよね。少しずつその人参の方へ向かうかもしれませんが、走りにパワーは出ません。

逆に人参が簡単に届く位置にあったとしたら、バクッと食べて終わりです。走りません。それが続くとお腹いっぱいになって走れなくなります。人参は適切な距離に吊るすべきなんです。届きそうで届かないから馬は必死で走るんですよ。

もし生徒が、目標は立てるけど一度も達成したことがなく、やる気が全然ないようでしたら、「今の自分には実現不可能な目標だ」と思ってしまっているのかもしれません。例えばまだ平均点に届かない生徒に、親が「学年10位以内を達成したら欲しい物を何でも買ってあげる！」なんて言ったら、初回は必死に頑張るかもしれません。それでも結果は惨敗です。次もある程度は頑張るでしょうが、全然達成できそうになかったら、もう次は頑張らなくなります。当たり前ですよね。

逆にテストなどで毎回のように目標達成できているとしたら、それは褒められるべきではない状態の可能性もあります。低めの目標を設定してしまっているのかもしれません。テストの点数ならもう20点上を目標として掲げて頑張っていたら、未達成でも低めの目標を掲げているときよりも点数が高くなった、なんてことになりかねません。

今の力で頑張っても届きそうで届かないくらいの目標を設定しましょう。

❷目標ありきのスケジュール作成

さて、適切な目標が立てられたら、今度はそれを実現するためのスケジュール作成です。ここでは順番に注意です。日時のスケジュールの前に、何をどの程度やるのかなどの内容が先です。その見通しが持てたら初めてカレンダーに勉強スケジュールを作っていくのです。**先にカレンダーで教科別の勉強時間を決めてしまうやり方は良くありません。**なぜなら、教科によって勉強時間が多く取られるものと、そうではなく集中力が必要なものがあったりするので、学校や私生活のリズムに応じて、教科別に学習内容を把握してスケジュールを作る必要があるからです。

❸学習時間のフレーム

勉強はただがむしゃらにやれば良いわけではありません。例えば「5時間勉強しました！」と言って教科書をずっと写していただけとか、「10ページ問題集解きました！」と言って丸付けもろくにしていないとか。これでは成績は上がりません。

成績が上がる勉強には、まず、大きなフレームがあります。

・インプット

知識や技術を得ていくことです。インプットには、授業を受ける・ノートをとる・教科書を読む・参考書を読むなどがあります。

・アウトプット

得た知識や技術を使って問題等を解くことです。ワークを解く・教科書にある確認問題を解く・小テストなどから、定期テストや入試もそうですね。

そして、ここからが大事なのですが、私の造語になりますが「**アウトプット**

イン」が成績アップには欠かせません。アウトプットをしてから（しながら）吸収するという雰囲気の言葉ですね。

　時間をかける比率としては、インプット：アウトプット：アウトプットイン＝3：3：4くらいが理想だと思います。一番学力がアップしているのは、当然「アウトプットイン」の時間です。このアウトプットインの時間のために、その前のアウトプットが大事ですし、その前のインプットの時間が大事というわけです。

❹モチベーション維持

　モチベーション維持のためには、目標は書き出して目の前に貼り、周りに宣言をしたり、達成できたときの自分を妄想したり、それまでの過程を頭の中でシミュレーションしたりすること。さらに、目標を口に出して確認して、「何が何でも実現させるんだ！」と自分を奮い立たせること。そしてスケジュールを何度も確認して、確実に実行すること。これが大切です。

　これを言ってはおしまいなんですが、そもそもやる気やモチベーションというものに頼ってはいけないんですけどね。

　しかし、それは確かに存在しています。人にはやる気に満ちているときとそうでないときがあります。そんなことに左右されないためにも、勉強のスケジュールを淡々とこなしていくこと（後に触れる「習慣化」）が大事です。

（2）自学技の修得

❶適切な問題集・参考書の選定

　さて、生徒自身が自分で学んで自分で伸びていくために、まず**適切な問題集や参考書の選定が大事**です。

　サッカー初心者にいきなりオーバーヘッドキックの練習をさせてもできるわけありませんし、サッカーが嫌いになること間違いなしです。同じように、勉

強していくには、適切なレベル・適切な内容の問題集や参考書を選ぶことが大事です。

　これは、生徒や保護者の方だけでは難しいところがあります。学校が用意した副教材・市販の教材・塾専用教材など、世の中にはたくさんの教材が存在します。これらの教材はピンからキリまであって、レベルも内容も様々です。必要としている本人に合うものを、それなりに教材知識のある詳しい人（学校や塾の先生など）にアドバイスをもらって選ぶのが一番です。

❷解説の扱い

　自学を進めていく上で、**解説を適切に扱えない子は 100% 伸びません。**

　問題を解いて答え合わせだけする生徒もいますが、解説が大事なんですよ。間違えた問題の解説を読んで理解する。解説が理解できなければ、適切な質問をする。そうやって伸びていくんですよ。

　そもそも、解説がしっかりしていない教材は使えません。我々塾講師が教材選びで大事にするところです。

（3）質問力

　我々は教えない塾を目指します。生徒を伸ばす意識の低い先生は、しっかり丁寧に教えます。「先生、ありがとう！　わからない問題をすぐにわかりやすく教えてくれて！」なんて言われたりしているのでしょうか。実はこれは良くないんですよ。その瞬間はスッキリしますが、スッキリすることが目的ではないですよね。こんな先生は、本当に生徒を伸ばす気はないか、それか本当の伸ばし方を知らないんですよね。

　そもそも**生徒の質問の仕方が大事**です。

「せんせー、わかりませーん」「ん？　どこが？」「全部」「あれ？　その質問の仕方でいいんだっけ？」そこから質問の仕方の指導が始まります。

わからない問題があったらまず解説を読む。そしてその解説内で理解できない場所をピンポイントで質問する。

「解説のここの部分がなぜこうなるのか、こう考えたんだけどわからないんです」

と、質問というよりはわからない部分の説明をさせるんです。ここで先生は簡単に教えて終わりにしないで、さらにヒントや質問返しで生徒の頭を活発にする。これが生徒を伸ばす先生です。

もちろん生徒によっては丁寧に教える段階（リハビリ段階）も必要です。しかし、その後は上記の理由で、我々は「教えない塾」を目指します。

特に家庭教師や個別指導では、この必要な「余裕」がとれていないことが多い傾向にあるので注意が必要です。

（4）勉強の習慣化
❶習慣とやる気

まず、歯を磨くときにやる気なんてものは必要ありませんよね。これは今までの生活で身につけた習慣だからです。**勉強も習慣化が大事**です。

私には2歳の娘がいて、歯磨きをさせようと毎日奮闘しているので、とても身近な問題です。昨夜も奮闘しました。大人になれば歯を磨かないと虫歯になることを知っているので、しっかり歯を磨きます。強制されなくても歯を磨く習慣が身についています。しかし子どもは虫歯のリスクも歯磨きの効用も理解していませんから、いくら説得しようとしても難しいのです。さらに子どもは目の前の遊びが楽しくて、歯を磨くのを嫌がります。

そこで、モノで釣ったり罰則に近いことをしたりしてでも、親は子に歯磨きをさせます。習慣になるまでは粘り強く頑張っていきたいと思います。

さて、勉強の習慣を作るには、最初のうちは少しコツがあります。遊びやそ

の他の誘惑があることも多いため、勉強が当たり前の習慣になるまでは多少の強制力や環境が必要なんです（理想は自らがその大切さに気づき、能動的にできるようになることです。それまでは親や先生の力が必要です）。

❷行動が先にあってやる気になる

　何かに取り組むときに、「やる気」がある・ないってよく言いますけど、やる気は自分で「出す」ものですよ。「やる気があるから勉強をする」のでしょうか。いいえ。ちょっと違います。「やる気を（自分で）出して勉強する」ですね。さらに「勉強をするからやる気が出てくる」わけですよ。運動もそうです。仕事もそうですよね。まずは始める。習慣化するまで続ける。そして自らが一生懸命やることが大事なんです。

　学生時代の部活でも、スタメンでもなくずっとベンチだったのに、すごくやる気に満ちて楽しそうにしていたメンバーがいませんでしたか？　一生懸命やっている人って楽しそうじゃないですか。逆にスタメンでもテキトーにやっていたり遅刻したり休んだりしている人って、楽しそうじゃないんですよね。

　つまり、目の前のことに一生懸命になってみることが大事なんです。そうするとなんでもやる気になれるんです。物事の上手い下手は無関係です。

　まとめると、「やる気」に頼らずまず始める。そして一生懸命やる。そうするとやる気（らしきモノ）も出てくる。それを続けていると当たり前になってくる（習慣化）。そのために、多少の強制力や環境が必要なのです。

▶ 4. 自学自伸の実践

　弊塾では、定期テスト前は目標設定とスケジュール作成、その管理を行います。日々の学習では、うちの塾生は自学自伸 note（オリジナル作成）を使って学習しているので、自然に「自分で学んで自分で伸びる」スタイルが身についていくようになっています。

自学自伸できるようにする授業の雰囲気を知ってもらうために、うちの塾の授業の様子を以下にご紹介します。

　先生は教えすぎちゃいけないんです。むしろ、「自ら学ぶ」余白 ＝あえて教えない部分を残しておく必要があるんです。

　例えば、「現在完了形は『have ＋過去分詞』で、継続用法は『ずっと～している』って訳すよ！」なんて教え方はしません。こんな授業なら生徒が自学自伸する余白はゼロです。

　僕の授業では、導入で生徒の興味を引きつけ、そこからたくさん例文を出して生徒自身に気づかせていくよう誘導します。

　生徒「もしかして have ＋過去形なんじゃない！？」

　先生「お！　いい感じ。でも③の文はどう？」

　生徒「eaten だから過去分詞か！」

　生徒「since は『～から』って訳すんじゃない？」

　先生「つまり、形は？ 訳し方は？」

　生徒「have ＋過去分詞、ずっと～している、だ！」

　このように先生が導いていけば、自分で頭を使って学んでいきます。教わったのではなく自分で学んだことだから、定着率も良い。

　大事な部分でも、導入・ノートや板書でも、一切教えていません。生徒には「自学自伸してほしいからあえて教えていない部分がある。先生に教わっていないところ、大事だと思う説明には線を引いてから解き始めること」と毎回説明しています。

　そして問題を解いたら、自分で丸つけをし先生を呼びます。けれど教えません。「先生は教えないからね！　ミスした問題も正解している問題についても

質問するから、解説読んでから呼ぶこと！」と説明しています。解説を丸々読み上げる生徒にはどんどんツッコミます。例えば、

　　先生「この正解していた問題、説明して！」

　　生徒「there は 副詞だから、to はつかない」（解説をただ読み上げただけ）

　　先生「それってどういうこと？　副詞ってなに？」

　　生徒「…わかりません。」

　　先生「そこを自分から先生に質問できるようになろう！　副詞っていうのは
　　　　　〜〜〜〜」

　こんな感じで「わかった気になっている」部分にツッコミを入れて、「解説をただ読み上げるのではなく、自分なりの言葉でまとめ、理解できているか」を確認するようにしています。

※現在塾で使用中の自学自伸 note（β版）を以下の QR コードからダウンロードできます。見本も掲載しておりますので、ご興味がある方はアクセスしてみてください。

対談：
自学のできる子・
できない子とその親

宮永裕介(エイメイ学院)、**石橋凌**(明成個別)、
米本祐樹(Elena 個別女子)、**横山眞己**(EIMEI-TOP：全て埼玉県)

▶ 1. 自学力と競争心

石橋：自学力とは、先生や教材を活用して「**わからないことを自分で解決していく力**」、そして「**自分で成績を上げられる力**」ですね。

ちなみに、僕の教え子でもある横山先生は中学時代学年2位、その後川越高校に合格しましたが自学力を持った生徒でしたね！

横山：自分は「競争心」が自ら学ぶために必要な要素だと思います。勝ち負けを意識できるかで行動も結果も変わります。僕はエイメイ（塾）に通っていたので、周りの仲間を自然と意識し、定期テストの学年順位も上げたいと思っていましたね！

石橋：自分も、自学力がある子は目的や目標を持っている場合が多いと思いますね。ただ、「周りを見てみると競争心やプライドを持っている子はいるけど、我が子は勉強に対してそんなものを持っていないのよ…」という保護者様も結構いらっしゃいますよね。元々の性格でなく、塾に来て、関わりの中で意識面での変化のあった生徒はいますか？

▶ 2. 大人になるということ

米本：EIMEI グループではそういう変化がたくさん起きるよね。きっかけは色々あるけど、自分を客観的に見られるようになることかな。簡単にいうと**大人になる**ってこと。たとえば、受験期に自分の進路を考えて、漠然とでも目標が決まると、「今のままの自分じゃだめだ」と気づく。ただ、自覚しても行動できない子はいるから、「変わりたい」という思いを信じ、ある程度大人がサポートして思いに火をつけてあげることが大切。

横山：大人になる・精神年齢が上がるということが学力に繋がった子はたくさん見てきました。中1の頃は学力に悩んでいたけれど、「大人になったな」と感じた頃に、自ら勉強できるようになって成績も上がった生徒が何人もいます。だから、**自分でやって成長していくことを普段の生活から意識させる**のは、学習の自立に繋がると思います。

▶ 3. 家族の意義

宮永：そうだね。たとえば、中2の部活で先輩が引退して、部長を任されたときなどは大人になるチャンスで、そのときの他人からの声かけはとても大事。子どもたちは部長や生徒会長になりたいと思っているけど、ちょっと自信がないから背中を押してほしいときってあるよね。そのときに相談された人、たとえば親が「あなたには無理なんじゃない？」と言ってしまうと、自立心が育つチャンスを消すことになる。だから、親はプラスの声かけをして子どもに「**やってみよう！**」と思わせてあげることが大事。

米本：親が「背中を押す言葉」を言えるかが大事だよね。大人は、子どものレールを敷いちゃう。失敗しないように。でも、失敗しても致命傷にならなければ

背中を押してあげたい。そのとき一番の心の拠り所は家族だから、そこが安定していないとチャレンジしにくくなる。最悪何があっても家族は自分を大事にしてくれているというのはすごく大事。それは伝えていくべきだよね。思春期になると難しいけど、家族で大事にしていることについては、ちゃんと伝えなければならないし、親は真面目に話していいと思う。

石橋：チャレンジをさせずに親が何でも決めてしまったり、焦って代わりにやったりすると、いざというときに子どもが何も決められなくなる。親が色々決めていた子が、いざ高校選びのときに「あなたが決めなさい」と言われても困っちゃう。それで苦しんでいる保護者様も多い。

宮永：それは練習させないといけないね。保護者様も子どもも「中学生になったから」「受験生になったから」いきなり自分で決めよう、ということが多いけど、それは無理。子どもの成長度合いを見て経験させてあげることも大事。

米本：でもその成長度合いを知らないんだよね。我々は塾でいろんな年代の子たちを見ているから「今はこういう時期なんだ」というのをわかっているけれど、親はそれを知らないことがあるから焦っちゃう。知っていれば、「○○さんはあんなことができるのに、ウチの子は…」と周りと比較しなくて済む。それを知るには、**学校や塾の先生のサポートを活用してほしい**。そうしないと心の余裕もできないし、子どもに求めることも多くなる。ガミガミ言っちゃう自学できない子の親の特徴だね。

▶4. 自学力のある子・ない子
宮永：自学力がない子は「今日何曜日？　今日何日？」という質問が多い。カ

レンダー見ればわかるのに、何も考えずに口に出してしまっていることが多くあるよね。その先がどうなるかの予測をしない生徒は自学力がない。それは子どもに掃除などをさせてみると行動でわかる。勉強以外にも必ず特徴がある。

横山：質問の仕方でもその子の自学力がわかりますね。勉強が苦手な子に多いのが「これわからない、教えて」「意味わかんない」と、わからないという言葉で片づける。勉強ができる子は、「なんで○○がこうなるかわからない」「自分は○○だと思うんだけど、なんで違うの？」と具体的に質問できる。できない子の曖昧な質問に対して、全部丁寧に教えすぎてしまってはその子の自学力は育たない。「問題文は読んだ？」「解説は読んだ？」「もっと具体的に質問してみて」と大人が導く必要があります。

▶5. 自学力はすべての土台

石橋：勉強とか受験とかって、親や先生が色々助けてやらなきゃいけないと思っている方が意外といますが、実際は真逆で、**子どもが考える場やきっかけを大人が作ってあげるのが大事**です。最終的にそこから学び取るのは子どもたち自身なので、**自学力をつけることが大人がしてあげられる最高のプレゼント**なのではないかな。

米本：勉強のやり方を学ぶことも大事なんだけど、その前に「自分のために勉強しようと思える」ようにならないといけない。それが「大人になる」ということ。これは子どもとの関わり合いの中で養われるもので、中学生になっても遅いものではない。

石橋：土台ですね！　勉強方法とか本に書いてあることも、納得して行動でき

ないと意味がない。子どものすべての土台が「自学力」だと思うんですよね。これからは、自学力を鍛えられるかどうかというのも視野に入れながら塾や学校を選ぶべきですね。子どもたちが学生を終えて社会に出て、自分で考えて生きていく中で、自学力は大きな財産になると思います。

親子の絆を深め、子どもを自立・目標達成体質に変える「親子コーチング」

諏訪孝明（星進会：東京都）

　この項目では「親子コーチング」を扱います。「親子コーチング」とは、**対話によってお子さんの視野を広げることで自発的に勉強に向かわせ、目標達成を実現させるためのコミュニケーションスキル**です。

　この項目は以下のような方のお役には立てないと思われます。ですので、読み飛ばすことを推奨させていただきます。

・お子さんには絶対に最難関校以外の選択肢を考えてほしくない方

・お子さんを絶対に親と同じ職業に就かせたい方

・お子さんが入試直前期である方（目の前の結果が何より大事な時期である方）

　これらの方にこの項目を読み飛ばしてほしい理由は、コーチングがお子さんの視野を広げるスキルだからです。これらの方にとっては、お子さんの視野は「ひとまずは」狭い方がよいと思われます。したがって親子コーチングは不要だと思われます。

　上記以外の方にとっては、「親子コーチング」を学ぶことは有益です。お子さんとの対話によって一緒に目標を設定し、達成するための行動をお子さんが意欲的に行い続けるという成果が得られるからです。

▶1. 親子コーチングによって実現できる変化

（1）コーチングとは何か

コーチングとは、コーチと依頼者（クライアント）が双方向にコミュニケーションをとり、コーチがクライアントの目標達成を支援するために用いるスキルの総称です。「コーチ」というとスポーツ選手の指導者というイメージが強いかもしれませんが、米国では起業家や経営者が目標達成のためにコーチを雇うことが一般的になっています。

（2）親子コーチングとは何か

親子コーチングとは、親またはそれに代わる立場の方がお子さんのコーチとなり、目標設定やそれを達成するための具体的行動を一緒に行い、行動継続を支援することで目標達成をサポートするためのスキルです。

親子コーチングにおける親子の関係性を、親の関わり方という視点から見ておきましょう。

❶「保護者」としての親

ふつう、親は「保護者」という立場・関係性で我が子と関わります。「保護者」というのは文字通り我が子を「保護」する存在です。我が子の心身の健康や安全を実現します。また、我が子が他人や社会に迷惑をかけないようにするために動きます。明らかに悪い方向に進んでいたり、非行など人の道を外れるようなことをしていたりしたら全力で止める役割を担います。

一般的なコーチングにおいて、**コーチはクライアントとのあいだに上下関係を形成して指示や命令をすることはありません**。コーチとクライアントは双方向の対話を通じて共に目標達成を目指す協働関係にあるとされています。

しかし、親子の関係性はそうではない場合があります。「譲れない一線」を越えたとき、親は「保護者」としてそれを全力で止めなければなりません。「譲

れない一線を越える」とは、具体的にはお子さんが自分や他人の心身を危険に
さらす、嘘をつく、ごまかす、お金や物を盗む、弱い者いじめをする、約束を
守らないといったことが考えられます。つまり、**人として守るべき最低限のルー
ルを破った場合には「コーチ」ではなく「保護者」として我が子と向き合い、
それを阻止したり叱ったりしなければいけないかもしれないということです。**
このことは親子コーチングの「例外」として覚えておいてください。

　安心して親子コーチングを行うために、保護者間で絶対遵守させたいルール
についてあらかじめ確認しておき、「譲れない一線」にあたるものを明確にし
ておきましょう。

❷少し先を行く「仲間」としての親

　親子コーチングを実践する際、親は**「保護者」ではなく少し先を行く「先輩」
あるいは「仲間」として我が子に接する**とよいです。お子さんを自立した存在
として扱い、人格や意思を尊重するためです。そうすることで、お子さんの夢・
目標を頭ごなしに否定してしまったり、親が描いているビジョンに誘導してし
まったりせずにすみます。自分が果たせなかった夢を、子どもの適性や希望を
無視して強制するなんてこともなくなります。

　親子が相互に信頼関係をもち、相互にコミュニケーションをとることで一方
的な上意下達ではなく、「一緒に考える」というスタンスで意思決定に臨むこ
とができるようになります。目標や行動を押しつけるのではなく、お子さんの
意思を確認しながら一緒に決定していくとよいでしょう。

（3）親子コーチングによって実現できる変化

　上記を踏まえた親子コーチングによって実現できる変化は、設定するテーマ
によって実に多種多様です。ここでは、この本のテーマである「自学力」に沿っ
てご紹介します。

❶「自学力」の向上

親子コーチングで「自学力」を引き出すことによって、

・目標が明確になる

・勉強のモチベーションが上がる

・自発的に考え、行動するようになる

・その結果として成績が上がる

などの変化を実現させることができます。お子さんを叱責するのではなく、前向きにおおらかに対話をすることで広い視点から挑戦心や自発性を引き出し、モチベーションの維持・向上を実現し、意欲・理解する力を引き出すことができるからです。

❷目標の設定

親子コーチングを実践するなかで、「具体的な目標」「それを実現するための具体的な行動」を一緒に設定するという経験を積み重ねていけば、お子さんはそれらを自ら設定し継続できるようになります。

今、「具体的な目標」「具体的な行動」と述べましたが、「具体的である」とは一体どのような状態を指しているのでしょうか。この疑問を解消し、設定した目標や行動が具体的かどうかを判断できるようになるために便利な「MORSの法則」をご紹介します。MORS とは、

・M：Measurable（計測できる＝数値で表現されている）

・O：Observable（観察できる＝第三者が目で見て確認できる）

・R：Reliable（信頼できる＝誰が確認しても同じ目標・行動だと認識できる）

・S：Specific（明確化されている＝いつ、どこで、何を、どのようにするのかがことばで表現されている）

の頭文字をとったものです。これら4つの基準をクリアしている目標・行動が「具体的な目標」「具体的な行動」と呼べるものです。親子コーチングを実践

する際にご活用ください。

　参考までに、具体的な行動の例を1つ挙げておきます。「『中学版システム英単語』の例文327〜330に載っている単語を、英単語をみたら3秒以内に日本語の意味が答えられるようにする」です。

▶2.お子さんに「自学力」をつけさせようとする親御さんが良かれと思って陥りがちな罠7選

　ここでは、親子コーチングの実践を開始した親が、お子さんの幸せを願うがゆえにやってしまいがちなことをご紹介します。あらかじめ失敗例を知っておけば、失敗を回避しやすくなります。後述する親子コーチングのスキルやコツを駆使してこれらの事態に陥らないようにしましょう。

（1）親の指示で勉強時間を確保させる

　親がお子さんに勉強を無理強いすることです。親のエゴによる押しつけや抑圧を伴うことが多く、お子さんのモチベーション低下を招きやすいです。また、勉強時間の確保を最優先した結果、過保護・過干渉になってしまうことも多々あります。例えば、親が遠足の準備をやってあげたり、受験勉強とは無関係な学校の宿題を代わりにやってあげたりすることです。受験勉強以外の、広い意味での「学び」の機会を摘み取ることは、お子さんの長期的な成長にとっては好ましくないことが多いです。これの原因としては、お子さんを高く評価していないことから生じる過剰な心配が挙げられます。**お子さんを信じる気持ちを持ちましょう。**そのための方法は後程紹介します。

（2）「自主性を重んじるのが一番いい」と考えて完全に放任する

　（1）とは逆に、お子さんの学習状況にまったく関心を示さずに距離を置いている状態です。この状態はお子さんに「僕の/私のことはどうでもいいのかな

…」という考えを抱かせてしまい、モチベーションを低下させてしまいます。また、親は「目標がどこにあって、どんな活動をしているのかが全くわからない」状態になってしまい、親子相互に不信感や不安な気持ちを抱くことになってしまいます。

（3）結果（点数）のみで評価する

「MORSの法則」にて、目標や行動は数値で表現されている必要があることを紹介しました。それと同様に、勉強の成果も数値で表現されていると客観的に計測がしやすく、評価もしやすいです。しかし、このわかりやすさが落とし穴となり、結果だけですべてを判断してしまうケースがあります。結果で評価することも重要ですが、それ以上に**過程（プロセス）を評価する**意識を持ちましょう。

（4）とにかく子どもを褒める

「褒めることでお子さんのモチベーションを向上させましょう！」と書いてある育児書・教育書は非常に多いです。褒められて嫌な気持ちになる人はいませんから、良いアプローチであるように思えます。実際には、「とにかく褒めよう」と考えて本当は好ましいと思っていないのに褒め、それをお子さんに見透かされて不信感を抱かせたり、混乱を招いたりしてしまうことが多々あります。親子コーチングでは、「褒める」は「認める」＋「フィードバックする」で代用します（「叱る」も同様です）。詳しくは後程ご説明します。

（5）常に子どもの気持ちに共感する

　親が子どもの気持ちに寄り添って接するのは大切なことですが、子どものネガティブな感情に共感してしまうとそのあと前向きな対処法のアイデアが生ま

れにくくなってしまいます。お子さんのネガティブな気持ちを否定することなく、かといって引きずられることもなく**ニュートラルに受け止める**よう心掛けましょう。第三者的な目線や関わり方を心掛けると上手くいくことが多いです。

（6）想定外の出来事には常に迅速な対応を心掛ける

想定外の出来事に直面した際、迅速な対応を最優先してしまうと事実関係の認識を誤ったまま対応してしまったり、冷静さを欠いて直情的な行動をとったりしてしまうことがあります。想定外の出来事に直面したときこそ、事実関係をしっかり確認してからの対応を心掛けましょう。お子さんに対して、後程紹介する「認める」「質問する」の2つのスキルをフル活用する場面です。

（7）親の言うことを何でも聞く子に育てる

お子さんが自分の言うことを何でも素直に聞いてくれる。これは一見非常に魅力的で理想的な状態に思えます。しかし、危険な状態かもしれません。なぜなら、お子さんが親に依存してしまっている可能性もあるからです。お子さんは成長し、いずれは親がアドバイスや口出しをすることができないステージに進むはずです。そうなったとき、お子さんが親に依存したままだとどうなってしまうでしょうか？　誰も助けてあげられない状況で、自力での思考・行動ができないかもしれません。そういった事態を避けるために、お子さんにはなるべく**自分で決めさせる・選ばせる**ようにしましょう。アドバイスが必要なら、許可を得たうえで「私ならこうするけど…」などの形で行ってください。

▶3. 子どもを自立させ、目標達成体質に変えるための親子コーチングの前提

ここでは、親子コーチングを機能させるための前提となる事柄を紹介していきます。心掛け・マインドに関するものが多くなっています。

（1）信頼関係

　親子コーチングでは親子がお互いを信頼している状態を目指します。親はお子さんに対し、「何があっても我が子の味方であり続ける」「我が子の可能性を100%信じきる」といったマインドで接してください。また、そうした気持ちを日常生活のなかで伝えておきましょう。ピンチに陥ってから急に伝えても、信じてもらえないかもしれません。こうしたマインドで接し続けると、お子さんは確実に親を信頼するようになります。

　また、自分にもお子さんにも**完璧を求めない**ことが大事です。今できていないことでも、これから少しずつできるようになるだろう（なろう）というスタンスで臨みましょう。

　また、親の言動に極端な矛盾がないようにし、**発言と行動を一致させる**ことも重要です。例えば、お子さんには「ゲームをするな」と言っておいて、自分はスキマ時間にゲームをしていては信頼関係は築けません。

（2）自己信頼

　お子さんからの信頼を勝ち得るには、親が自分自身を信頼している必要があります。そのためには、**親自身も学びを継続して成長し続ける**ことが有効です。目標を持って学び続けましょう。

　また、自己理解を深めておくことも非常に有効です。自分が受けた子育ての振り返りを行いましょう。よかったこと・感謝したいこと・本当はこうしてほしかったと思うこと・伝えたい過去の体験やエピソードなどについてリストを作成しておくとよいです。よいと思った経験や知恵や教訓を適切なタイミングでお子さんに伝えられるというメリットもあります。

（3）観察

成長や進歩を見逃さないために、そしてSOSのサインやメッセージを見逃さないためには普段からの観察が非常に重要となります。また、一緒に考え、一緒に決めた約束が守られているかを観察することも欠かせません。あらゆる変化を見逃さないように観察しましょう。

（4）主役は子どもであると考える

親子コーチングの**主役はお子さん**です。お子さんが嫌だと言った選択肢については、選ばないことも必要です。親の価値観で子どもを縛らないようにしてください。「あの塾に行かせなくちゃ」「あの学校に行かせなくちゃ」「あの習い事をさせなくちゃ」という義務感や焦燥感に駆られたときは、おおらかさと広い視野を持って状況を見渡してみましょう。

（5）前向きな気持ち

自分とは違う人生を歩むお子さんを、ワクワクする気持ちで見守るようにしましょう。また、「生まれてきてくれてありがとう」という感謝の気持ちを忘れないようにしてください。そのための1つの方法として、赤ちゃんの頃の写真やビデオを見るというものがあります。

▶4. 親子コーチングの具体的実践方法

ここでは、3で紹介した「前提」に基づいて活用したい8つのスキルと親子コーチングの具体的な進め方を紹介します。

（1）親子コーチングで活用したい8つのスキル

❶認める

　評価や判断を加えずに、ありのままの事実を「認める」ことです。具体的には、うなずくことや相づちを打つこと、そしてお子さんと同じ言葉を繰り返すことを指します。例えば、お子さんが「今日、体育の授業でソフトボールをしたんだ！」と言ったことに対し「今日はソフトボールをしたんだね。」と答えるのが「認める」ことです。

❷聴く

　気持ちよくたくさん話してもらうために、相手に意識を向け集中して「聴く」ことです。お子さんが沈黙したときもその時間を恐れず、言葉を待つようにしましょう。また、言葉の裏に隠れたメッセージを拾うこと、つまり表情・声色・振る舞いなどを観察することも「聴く」ことの一部です。そして、「他には？」「具体的にはどういうこと？」といったフレーズでお子さんの発話を促すことも「聴く」ことの一部です。そして、何より重要なのが**途中で判断を加えて遮らない**ようにすることです。お子さんが話し終えるのを待ちましょう。

❸質問する

　質問をすれば、お子さんはその答えを考えます。様々な角度から質問することでお子さんの思考が促され、気づきがもたらされます。「いつ」「どこで」「何を」「どのように」を意識すると質問しやすいです。また、視点を切り替えることを意識するとよいです。未来と過去の視点切り替えは非常に便利です。例えば、「高校生のあなたが今のあなたにアドバイスするとしたらどんなことかな？」「一昨年の英検4級の対策のときはどうやって乗り切ったっけ？」といったものがあります。受験をテーマにした親子コーチングであれば、ほかに「私」「ライバル」「先生」「問題作成者」「筆者」といった人物視点の切り替えも非常に有効です。問題を解くときの発想が変わり、成績が向上する場合があります。

質問する際の注意点を紹介します。「なんで？」は詰問になりやすいため使わない方がよいです。「何が原因だったの？」など、「何」を使って言い換えてあげましょう。

❹フィードバックする

自分の感想・意見・評価をそのまま伝えることです。その際、**主語を必ず「私」**にしてください。（実際には「お父さんは」「お母さんは」などのようになります。）

例えば、「お母さんはこう思うよ。」「（私には）○○（お子さんの名前）がなんだか元気ないように見えるよ。」といったものです。

親子コーチングでは、「褒める」／「叱る」は「認める」＋「フィードバックする」で代用します。

例１：「君が○○したこと、パパはうれしいよ。」⇒「褒める」の代わり

例２：「君が○○したこと、パパは悲しいよ。」⇒「叱る」の代わり

といった感じです。

❺リクエストする

「やる」と決めた行動の確実な実行をストレートに要求することです。「○○は土曜日までに必ずやってみてね！」などの形をとります。

❻教えを乞う

学んだことを親に教えるようリクエストすることです。「次の日曜日に、この１週間で学んだ社会の内容をパパに教えてね。」などの形をとります。そして、実際に教えてもらいましょう。教える立場に立つことは学習効果が極めて高いとされています。普段、お子さんは学校や塾で教わる一方の立場です。親相手に教えることを通して、普段とは異なるかたちで理解を深めてもらいましょう。

❼ブレーンストーミングする

目標を達成するための行動などについて、一緒に調べたりアイデアを出したりすることです。たくさんのアイデアを出した後、それぞれの選択肢について

メリット・デメリットを挙げてもらいましょう。そのあと、どの選択肢を選ぶのか決めてもらいましょう。自分で選んだ行動は継続しやすいです。

例：「次の理科のテストで80点をとるには、どんなことをしておくのが大切だと思う？　一緒に考えてみよう！」

❽自己開示する

親がお子さんに自分の経験や体験のエピソードを語ることです。これを行うことで、お子さんが親に対して共感や親近感を抱きます。また、聞いた話からお子さんが教訓や新たな気付きを得る場合も多々あります。

（2）親子コーチングのセッションを進める具体的手順

コーチングにおいて、コーチとクライアントが1対1でコーチングを行う時間を「セッション」と呼びます。ここでは、親子コーチングのセッションを行う手順をご紹介します。

❶座る位置の決定

向かい合って座ると対立関係がイメージされてしまうので、避けた方がよいです。隣に座るか、90度の角度で適度な距離を保って座りましょう。座る位置や距離感は、お子さんに確認しながら決めていきます。

❷アイスブレイク

雰囲気を和らげるための雑談などです。アイスブレイクの手法はたくさんありますが、私のオススメは「今日（今週1週間に）起こった楽しかったこと・嬉しかったこと・新しい発見を教えて！」というものです。「Good&New」と呼ばれています。

❸目標設定

1〜3か月の期間を目安にして目標を設定します。その際、前述した「MORS」を満たすようにしましょう。また、(1)で紹介したスキルのうち、「認める」「聴

く」「質問する」のスキルを活用してください。お子さんが「達成したい」と思える目標かどうかが非常に重要となります。

❹行動計画の決定

目標を達成するために取り組む行動を決定します。その際、（1）で紹介したスキルのすべてをフル活用してください。最後に、次回のセッションをいつ行うかを決めます。コーチングのセッションは**継続して行わないと効果を発揮しません**。親子コーチングでは1週間に1回のセッションがオススメです。

（3）親子コーチングに関するよくある質問・お悩み

この項では、「こんなときはどう対応すればいいですか？」とご相談をいただくことが多いケースの対処法について述べていきます。

❶子どもの自己評価が著しく低くなってしまったときの対処法を教えて

「僕は／私はこれが得意だ」「これだったら誰にも負けない」と自信をもって言い切れる強みを確立してあげましょう。得意教科・得意単元が分かりやすいですね。どんなに狭い範囲でもOKです。また、「誰にも負けない」は厳密な事実である必要はありません。本人がそう思えていればOKです。

❷塾に通い始めるタイミングをどうしたらいいか教えて

他の子がどうしているか、あなたがどうしてほしいかではなく、**お子さん自身がどうしたいのか**が極めて重要です。お子さんが「通いたい」と言ってきた時期がベストなタイミングだといえます。しかし、それでは不安なケースもあると思います。「このタイミングで決断しないともう取り返しがつかない」と思ったら、「お母さんは／お父さんはこういう理由で塾に通うのがいいと思うけど、あなたはどう思う？」と、ご自身の意向を伝えたうえでお子さんに判断してもらう形をとってみましょう。

自学力を高めるために親子で回す「PDCA サイクル」

諏訪孝明（星進会：東京都）

　前項で紹介した親子コーチングのセッションを継続して実施し、よりスピーディーに、より確実に成果を出すための手法を紹介する項目です。したがって、「親子コーチング」の項目をお読みになってからこちらをお読みいただくほうが分かりやすいです。

▶1. PDCA サイクルとそれを回すことで実現できる変化

（1）PDCA サイクルとは

　もともとは製造業の現場において、生産管理・品質管理などの業務を改善していく手法でした。品質管理を研究していたアメリカの統計学者ウィリアム・エドワーズ・デミング博士とウォルター・シューハート博士によって1950年代に提唱されたもので、その後日本企業にも深く浸透して現在はビジネスだけでなく自己管理や成長が求められるさまざまな場面で活用されています。

　PDCA サイクルという名称は

・P（Plan）：計画する

・D（Do）：実行する

・C（Check）：評価する

・A（Action）：改善する

の頭文字をとったものです。

つまり、PDCA サイクルをシンプルに説明すると「目標を達成するための計画を立て、それを実行し、実行の状況を評価してそれに応じた改善策を講じ、それを反映した計画を立てて…のサイクルを繰り返すこと」となります。

それぞれのステップについてもう少し詳しく説明しておきましょう。

❶ P（Plan）：計画する

できるだけ具体的な目標を設定し、現状を分析し、目標と現状とのギャップを埋めるための具体的な行動計画を作成します。具体的なものになっているかどうかは前項で紹介した「MORS の法則」（P.46）を使って判断するとよいです。

❷ D（Do）：実行する

「P」で立てた計画を実際にやってみます。ここで実行したことは、この後評価し改善するものなので、実行状況を記録しておくことが重要です。

❸ C（Check）：評価する

計画通りに実行することができたか、想定通りの成果が出せたかといったことを、チェックリストやチェックテストなどを用いて評価します。

❹ A（Action）：改善する

「PDC」の結果を振り返り、それを踏まえて計画内容を改善するかどうか、実行方法を改善するかどうか、評価方法を変えるかどうかなどの検証を行います。また、この段階で目標自体の変更を行う場合もあります。

（2）PDCA サイクルで実現できる変化

ここでは、親子で PDCA を回し続けた際に実現できるお子さんの変化を紹介します。

❶現在抱えている課題・問題点が明確になり、漠然とした不安がなくなる

計画を立てる段階で「目標設定⇒現状把握⇒行動計画作成」のそれぞれを行

うことで、今現在抱えている課題や問題点が明確になります。

❷アバウトだった行動が具体的になる

　計画を立てる段階で具体的な行動計画を作成するので、日々のやるべき行動が明確になります。漫然と勉強することがなくなるので、成果が出やすくなります。

❸同じミスの繰り返しから脱却し、経験から学ぶ習慣が身につく

　PDCAサイクルを回すとそれまでの学習状況等を振り返る機会が増えます。

　自らの経験を振り返ることで学びや気づきを得て、次につなげる習慣が身につきます。

❹目標が達成できるようになる

　PDCAサイクルはお子さんの成長スピードを加速し、目標達成に導いてくれます。「A」すなわち改善の機会が増えるからです。正しい「PDC」に基づいた改善の機会によって成長と目標達成が実現されます。

❺自信が身につく

　PDCAサイクルを回すことで目標が達成できたり、目標の達成に近づいていることを実感できたりすると自信がつきます。自信は向上心や挑戦心をもたらすので、さらなる成長が見込めるようになります。

❻自力で具体的な目標が設定できるようになる

　PDCAサイクルを回すことに慣れると、達成可能な目標と達成不可能な目標があることを学習します。ここでいう「達成可能」「達成不可能」というのは、「偏差値60は達成可能だが、偏差値70は達成不可能だ」といった難易度の違いではありません。ではどういうことかというと、達成したかどうかの判定の難易度の差です。例えば「今日は数学を頑張る」という目標は、達成できたかどうかの判定が難しいです。何を基準に判定したらよいかが曖昧だからです。それに対し、「今日は数学の問題集を84ページまで解く」という目標は達成で

きたかどうかの判定が極めて行いやすいです。数値で表現された具体的な目標になっているからです。計画を立て、それが実行できたかどうかの検証を繰り返すことで、達成しやすい目標と達成しにくい目標の違いを身をもって感じ、達成可能な目標を設定できるようになります。

この「自ら目標を設定できるスキル」の有無は大学生や社会人になってからの成長の余地やスピードを大きく左右します。中高生には塾や予備校という存在があり、ある程度画一化されたノウハウで成長をサポートしてくれますが、大学生や社会人が求められる成長は人それぞれ分野や内容や程度が異なるため、画一化されたノウハウでサポートしてくれる場所がありません。そこで、自分で達成可能な目標を設定できるかどうかが大きな差を生むことになります。

❼先を見通す力が身につく

「夜更かしをすれば次の日の朝がつらい」「今日勉強をサボれば明日がしんどくなる」「今日食べ過ぎれば明日体重が増える」。こういった原因と結果の関係（因果関係）を身をもって実感できるのも PDCA サイクルの特徴です。振り返りの機会が増えることによって原因から結果を予想することが容易になります。これが先を見通す力です。

❽変化への対応力が身につく

PDCA サイクルを速いテンポで回すことで、変化をいち早く察知しそれに順応することができるようになります。「検証」の段階で変化を察知し、「改善」の段階でそれを計画・行動・検証のいずれかまたはすべてに反映させることができるようになります。

▶2. PDCA サイクルをうまく回そうとして陥りがちな罠5選

（1）Pの時間を短縮して早くDに取り掛かろうとする／綿密なPを作成する

計画を立てる際は、それが適当すぎても細かすぎてもよくないです。曖昧な

計画ではその後の実行・検証・改善もすべて曖昧で大雑把なものになってしまいます。その一方で、綿密な計画を立てようとすると計画の作成に時間がかかりすぎてしまいなかなか実行・検証・改善の段階に移ることができません。PDCAサイクルは1周回さないと成長を実現することができません。綿密な計画を立てるよりは、「こうしたらこうなるんじゃないか」という**仮説に基づいて行動を開始してしまう**方が短期間での成長を実現できます。「では、どのような計画を立てるのがちょうどよいのか」については後程解説いたします。

（2）現状把握において短所・苦手といったネガティブな面にそのまま焦点をあてる

　短所や苦手を克服することは合格や成績アップを実現するために非常に重要なことです。しかし、現状把握のフェーズでネガティブな面にばかり焦点をあててモチベーションを低下させてしまうのはあまり良くないです。ポジティブなとらえ方をしてみましょう。例えば「理科が苦手だ…」という現状があるときに、「理科でいい点がとれたらどんな気持ちになれるかな」「理科の偏差値を55にできたら5教科全体の偏差値はどのくらいまで上がるかな」「それを実現するにはどうすればいいかな」といったポジティブな面からのとらえ方や質問をします。そうするとワクワク感をもって勉強に取り組むことができるようになります。

（3）新しい教材や取り組みをどんどん試す

　改善の機会が増えることで、「この問題集をやめてあの問題集をやろう」「この参考書が評判いいから読んでみよう」といったかたちで新しい取り組みをどんどん試したくなるかもしれません。しかし、**次々と新しい教材や取り組みに手を出すことはあまり好ましくない**場合も多々あります。思うような成果が出

ないことの原因は「使っている教材が良い教材ではない」よりも「使っている教材をマスターしきれていない、使いこなせていない」であることの方が圧倒的に多いです。検証や改善のフェーズでは、「今使っている教材を正しく使えているだろうか」という視点を必ず持つようにしてください。

（4）行動計画を立てるところから始める

　定期試験2週間前。ある中学生がこう考えています。「そろそろ定期試験対策を始めなきゃ。よし、PDCA サイクルを回そう。まずは計画から。今日は数学のワークを5ページやって、明日は英語のワークを…」。定期試験前の中学生によくある状況です。この生徒は PDCA サイクルを行動計画の作成から始めています。しかし、本当はすでに紹介した通り「目標設定⇒現状把握⇒行動計画作成」の順番で取り組まなければいけません。目標を決めないまま行動計画を立てることは、旅行でいえば「目的地が決まっていないのに持ち物を決める」ことに相当します。そうすると「目的地はロシアだがアロハシャツを着ている」「目的地はハワイだが防寒具をしっかりと着込んでいる」といったことになりかねません。「目標設定⇒現状把握⇒行動計画作成」の順序を守ることを強く意識しましょう。

（5）長いサイクルの PDCA のみを回す

　1つの PDCA サイクルを「定期テスト2週間前に計画を立てる⇒2週間のあいだテスト勉強を実行する⇒テストの点数で勉強の成果を検証する⇒振り返りを行い、次の定期テストに向けた改善を行う」というかたちで2週間かけて回したとします。この場合、テストの点数という重大な結果がでるまで勉強法や勉強内容を検証することができません。改善の機会も2週間に1度しかありません。これに対して、「今日一日の計画を立てる⇒今日のテスト勉強を行う

⇒チェックテストを実行して定着度をはかる⇒振り返りを行って明日のテスト勉強に反映する」というかたちで1日で回すサイクルでは、改善の機会が毎日あります。「改善の機会＝成長の機会」ととらえれば後者の成長スピードは前者の14倍であるといえます。前者と後者のサイクルを同時に回しましょう。2週間単位の「大きな」PDCAサイクルの下に1日単位の「小さな」PDCAサイクルが位置するイメージです。

　高校受験を題材にして大小のPDCAサイクルの例を示します。「都立○○高校に合格するためのPDCAサイクル」⇒「内申点の9教科合計を40にするためのPDCAサイクル」⇒「中3の1学期末試験で目標点をとるためのPDCAサイクル」⇒「毎日のテスト勉強のPDCAサイクル」といったかたちで「大きなサイクル⇒小さなサイクル」となります。**常に複数のPDCAサイクルを回すことになります。**

▶3. PDCAサイクルの回し方
　ここではPDCAサイクルの回し方を具体的に説明します。
（1）P（Plan、計画する）
❶目標設定
　目標設定の際は「達成できるかどうか」ではなく、「達成したいと心から思えるかどうか」を意識しましょう。また、目標の先にある目的を意識し、言語化しておくことがとても重要です。目標と目的の違いを具体例で説明します。「体重を10kg落としたい」が目標で、「若いころに着ていたあの服をもう一度着られるようになりたい」が目的です。

　目標には必ず期限を設定してください。やる気と集中力は「期限」「締切」から生まれます。1〜3か月後が期限となる目標、1週間程度の目標、1日の目標をそれぞれ設定しておくとよいです。それぞれを「MORSの法則」にし

たがって具体的に決めていきましょう。

❷現状把握

　現在置かれている状況を分析します。まず、目標を達成した状態が100％だとすると現在は何％なのかを考えてみましょう。そうすることで、既にできていることに目を向けて前向きな気持ちで現状把握に取り組むことができます。できていないこと、できていない自分、苦手・不得意に焦点をあてる時間が長くなるとワクワク感がどんどん損なわれていきます。前向きな気持ちでPDCAサイクルを回すには、これらに焦点をあてる時間を最小限にとどめておきましょう。

　受験勉強でPDCAサイクルを回す場合には、過去問を解いてみることが重要な現状把握になります。その際、「○○ができないね…」ではなく「○○ができるようになるには何をすればいいかな」などといった風に**ネガティブな表現をポジティブな表現に言い換える**工夫をしていきましょう。

❸行動計画

　目標と現状とのギャップを期日までに埋めるための行動を考えます。前項で紹介したブレーンストーミング（P.53）などを行って選択肢をどんどん出していきます。そして、それらに優先度をつけてやることを絞っていきます。

　行動計画は「項目⇒タスク⇒スケジュール」の3段階に分かれています。それぞれ、例えば「単語力をつける⇒単語帳を1日50単語覚える⇒30日で単語帳を1周する」といった内容です。

「項目」は抽象的でOKですが、「タスク」は具体化しましょう。例えば「英単語を覚える」は抽象的なのでNGです。『中学版システム英単語』の例文327〜330に載っている単語を、英単語を見たら3秒以内に日本語の意味が答えられるようにする。」という風に具体化していきましょう。具体化すればするほど、クリアしたかどうかの判定が客観的にできるようになり、達成したと

きの達成感は大きくなります。これに実行する日付や時間帯、そして期日を加えたものがスケジュールです。

　1週間・1日の行動計画を立てる際には曜日ごとの勉強量・勉強時間を把握しておく必要があります。また、集中できる時間帯は何時から何時なのかや、逆に集中しにくい曜日や時間帯、そして突発的な用事が入りやすい曜日や時間帯も把握しておきましょう。

　また、初めのうちは限界の2割減くらいで計画を立てると達成しやすく、自信がつきやすいです。計画の遅れやアクシデント、突発的な予定がストレスにならずに済みます。**まずはできること・できる範囲から着実に実行する計画にしましょう。**

　行動計画が定まったら、チェックリストを作ります。「Do」の段階で塗りつぶしていく快感・達成感を味わうことができますし、検証作業が簡単に行えるようになります。「今日やることリスト」「生活チェックリスト」など、チェックリストのネーミングを親子で話し合って決めてください。一緒に決めることでチェックリストをつけることが三日坊主にならずに済む可能性が上がります。

（2）D（Do、実行する）

　計画に沿って実際に行動してみましょう。計画通りに行動するのが難しい場合は、状況に応じて変更してもかまいません。Pの段階で作成したチェックリストにやったかどうかのチェックを毎日書き込んでください。日記のような感覚で、毎日書く習慣を確立してください。

　実行の際は所要時間を測り、ページ数を記録しておきましょう。これらの記録をチェックリストに書き込めるようにしておくのがよいです。1ページ進めるのに何分かかるのか、といったデータは次の計画を立てる際の貴重なデータとなります。

また、できる限り計画に沿うよう全力で取り組んでください。でないと、検証や改善の際に「明日は（来週は/次は）もっと頑張る」という極めて曖昧なフレーズで振り返りを行うことになってしまい、きちんとした検証と改善ができないからです。

　やる気がでないときは①３分間だけやってみる、②好きなこと・気軽なことからやってみる、という対処法がオススメなので試してみてください。

　なかなか時間が確保できない、という場合にはスキマ時間を有効に活用することを検討してみてください。「ながら」勉強もOKです。イメージは良くないかもしれませんが、やらないよりははるかにマシです。また、勉強は中途半端なタイミングや進行状況で中断することになってもかまいません。むしろその方が学習効果が高いという研究結果もあります。これには「ツァイガルニク効果」という名前がついているそうです。

（3）C（Check、評価する）
❶チェックリストによる検証と振り返り

　１日の終わり・週の終わり・月の終わりといった節目に親子で一緒にチェックリストを見ながら振り返りを行います。実際の学習や練習がきちんと計画に沿っていたか、目標が達成できたかの達成率を確認して振り返ります。すべての「Do」を数値で表すことで、達成率が計算できます。それに加え、「自分にどのような変化があったか」も振り返ります。

　もっと効率の良い方法はないか、他にやるべきことはないか、何か自分が気づけていない課題があるのではないかといった視点で「D」の項目の正しさを確認する必要もあります。
❷問題演習（チェックテスト）による検証と振り返り

　ある科目の一部を学習したら、その範囲の小テストを実施して検証と振り返

りを行います。また、ある科目全体が学習済になったら過去問を解くことにより検証と振り返りを行うことができます。学習した範囲はある科目のごく一部だが、その範囲について入試と近い形式で定着度を確認したい場合には『全国高校入試問題正解 分野別過去問』（旺文社）を活用するのがオススメです。こうした問題演習による検証と振り返りは１日ごとの小テスト、１週間おきの単元テストに加えて抜き打ちテストがあると効果的です。

❸模試による検証と振り返り

模試では本番に近い環境で検証を行うことができます。普段の勉強が「実力をつける訓練」である一方で、模試は「実力を発揮する訓練」となります。模試は入試本番で実力を出し切るためのメンタルトレーニングを積む機会にもなるということです。積極的に受けましょう。

📖 **模試の検証・振り返り事項リスト** 📖

☑時間配分、解く順番⇒試験開始時に正しい予測と判断に基づいて意思決定ができたかどうか

☑ケアレスミス⇒落ち着いて解けたか、見直しの時間を確保できたか、見直しを怠らなかったか

☑設問や問題文中のヒントの見落とし⇒読み取るべき情報を正しく読み取ることができたか

☑知識不足と練習不足⇒普段使用している教材に載っている知識・問題に正解できたか。載っていない知識・問題は対策の必要があるのか、対策するとしたらどの教材を用いるのか

（4）A（Action、改善する）

検証と振り返りで浮かび上がった反省点を次に活かします。

❶目標の改善（変更）

これを実施する頻度はあまり高くないですが、PDCA サイクルを回すなかで目標そのものを変更する場合があります。「志望校の変更」「目標点数の変更」などです。小さなサイクルの目標変更はインパクトがあまり大きくありませんが、大きなサイクルの目標変更は「志望校を変更したことで5教科受験から3教科受験になる」「合格の難易度が変わる」など受験勉強全体に与えるインパクトが大きい場合があります。変更の際には親子でよく話し合って決めてください。

❷計画の改善（変更）

チェックリストに記載する行動の変更を検討します。行動の中止・入替・追加・再開・数値の変更などがあります。理想と現実のギャップがあった場合はその原因を分析することになります。その際、「どうやったらできるようになるか」「どうやったらさらに成果を出せるか」といった問いを立てて答えを模索します。また、「先週は1週間の時間配分がうまくいかず国語と社会の勉強に時間を割きすぎてしまったから、今週は数学の勉強時間を長めに確保して週10時間は勉強しよう」など具体的な振り返りに基づいて具体的な改善を行います。

❸実行の改善（変更）

勉強する時間帯・勉強場所・使用する文具といった行動計画やチェックリストには掲載しないような事項についても必要に応じて変更を検討します。

その際、「いつ / どこで / 誰が / 誰に / 何を / どのように / どのくらい」を意識するとモレがなくなります。

❹検証の改善（変更）

　チェックリストに掲載する項目、チェックテストの内容や頻度、どの模試を受けるのかについて変更を検討します。

待てる親が
伸ばす学力
〜見守ることの難しさ〜

中川重明（明秀館：京都府）

　20年間学習塾を運営しながら色々な保護者の方々とたくさんお話をさせていただきました。その中で、保護者がお子さんのことを待てないケースを目にしてきました。もちろん、我が子のことを心配してその行動を起こされていることは疑う余地がありませんが、そのアクションのせいでお子さんは伸びるはずの力を伸ばしきれていないかもしれません。待てる親になってお子さんの学力を上げるためには何が必要なのか。今日はそんな話をしていきます。

▶1. 待てない親の例

　親はつい自分の経験から現実の厳しさを伝えようとします。けれど、お子さんにとっては今が初めての日々です。毎日がいっぱいいっぱいなときにそういう言葉は**まず耳に入らず反発を生む**ということをわかってください。普段から待って見守るという意識を持ち続けることが、ここぞというタイミングで伝えたいことを伝えやすくします。

　たとえばお子さんを含めた面談の際に、こちらがお子さんに質問しているのに親が勝手に答えてしまう、お子さんが質問に答えられず固まると、親が子供を急かしてしまうといった場面があります。すると最初は笑顔で話を聞いていたお子さんの表情がみるみる曇っていきます。せっかくの面談が台無しです。

自分の気持ちや思ったことをすぐに言語化する力が弱い子もいるので、保護者が口を挟まずに**お子さんのタイミングを待つのが正解**です。

　また恐怖心を煽ってなんとかしようとする場面も見られます。「今度のテストで点数が取れなかったら塾を変えるからね」「このままじゃ良い高校に行けないわよ」などお子さんに未来への恐怖心を与えることでやる気を引き出そうとするやり方ですが、めったにうまくいきません。たとえ高校入試はこのやり方でうまくいっても、お子さんに主体性がなく、自発的な行動が全くないままでは、そこから先に繋げるのは難しいです。

　自分自身でできたと思える回数が増えれば増えるほど、お子さんの自己肯定感は高まりやすくなります。自己肯定感がしっかりと備わっていると、踏ん張らないとダメなときに「自分は大丈夫！」と自身を奮い立たせることができます。

▶2. テストの点数が悪かったとき

　学校のテストの点数が悪かったときはチャンス到来です。待てない親は自分が想像していた点数と比較して「なんでこんな点数なの⁉」と感情のスイッチが入ってしまい、小言を言い続けます。自分がスッキリするまでお子さんにあれやこれやと言い続けます。子供は危険察知能力が高いので「ああ、これはいつものやつだ」と思って**全力で聞いている風を装いながら嵐が去るのを待ちます**。このやりとりを繰り返すことにより自尊心がどんどん削り取られ、同時に主体性も育ちません。これでは本来伝えたかったことが伝わることはありませんし、同じことを何回も繰り返していると、子供の方でそれを受け流す技術がどんどん高まり、次第にこのやりとりに無関心になります。

　テストがうまくいかなかったときは、案外子供自身が原因をわかっていたりするものです。「次のテストではここをこうしてみよう」「これはもっと早くに

手をつけて、こっちは1週間前に入ってから」、こんな考えを頭にめぐらせているときがまさに勉強の仕方を考え、学んでいる時間です。また、主体性が育つタイミングでもあります。このまさに大事なときに「なんでこんなにテストの点が悪いの！」と頭ごなしに怒鳴られたらどうでしょうか。

　待てる親はここがチャンスだということがわかっているので焦ったりしません。テストの点数ではなくお子さんの表情や仕草に目がいくので、お子さんが悔しがっているのか、怯えているのか、何も気にしていないのかを観察します。子供が話しているときには口を挟まずにじっくりとお子さんの話を聞きます（一見それが単なる言い訳であっても、一旦は最後まで話を聞くことの重要性がわかっているからです）。最後まで話を聞いた上で現状の分析を保護者なりに伝えようとします。「平均点はどうだった？」「数学は頑張っていたから過去最高点じゃない」など、何でも良いので今回の結果やその過程において褒める点を探す努力を、待てる親は続けています。

▶3. 待てない親から脱するためのヒント

　そうは言っても、親も人間ですからこんな風にいつもいつも冷静にはいられません。では、待てない親から脱するためのヒントは何なのか。「スマホばかり触って全然家で勉強しない」その子は自分の時間を作るために学校の授業中に他の子達よりも集中力を高めているかもしれません。休み時間にも学校の宿題をこなしているかもしれません。こんな想像ができれば事象に対してすぐにスイッチが入ることは避けられます。仕事では作業効率を高めて短時間でこなす人のことを優秀と評価するのに、勉強においてはとにかく時間をかけているかどうかを中心に考えるのは矛盾していませんか。

　中学生くらいのお子さんは親が思っているよりもずっと**物事に対する解決能力を持っていますし、それなりに自分と向き合おうともしています。**親が上記

に述べたような言動を繰り返すことで、その力を減少させてしまうことになります。お子さんが迷ってもたもたしているときには、大人が思う正解を伝えたくなります。そしてそれが自分のお子さんのためだと思ってしまうのです。保護者の方が優秀であればあるほど、そのときの解決策はきっと正解だと思いますし、お子さんは保護者の方が鮮やかにその正解を見せたことに対して喜びを表すかもしれません。保護者の方自身も子供に対して良い助言ができたことに喜びを感じます。ですが、これを繰り返すと気づかないうちに「困ったことがあれば何でも保護者が解決してくれる」と受け身の姿勢になります。

　口を挟まず、恐怖心を煽らず、チャンスを見極め、さりげなく見守る。すべてを完璧にできる必要はありませんし、できるわけもありません。ただ、このコラムでお話ししたことを頭の片隅に入れておいていただければ、これまでとは違った見方ができると思います。

反抗期の子供との
付き合い方
（親の接し方）

平田賢悟（黎明会：山口県）

　小学校高学年や中学生の子供をもつお母さんから、「『勉強しなさい！』と言っても勉強しないし、何を言っても反発されて、喧嘩になります…。反抗がすごいんです。どうしたらいいでしょうか…」と、お悩みの相談を受けることがあります。特に男の子の場合、異性ということもあって、お母さんは接し方に困るそうです。お父さんに相談しようと思ってもお仕事で家を留守にしていますし、お父さんが家にいるときは子供もいい子だったりします。お母さんの前でだけ反抗するんです。お母さんは、反抗期の子供、特に男子の接し方に困っているのではないかと思います。今回は、反抗期の子供とどのように接したらよいのかお伝えしますね。

▶ 1. 反抗期は大人への第一歩。「大人になります！　おめでとう！」

　まずは、「反抗期とは何か」です。反抗期は2歳〜4歳（第一反抗期）と13歳〜14歳（第二反抗期）にあるとされており、親と子供間で生じる紛争にも似た人間関係の問題や状況のことを言います。特に第二反抗期では、家庭内の親子喧嘩から夫婦喧嘩、時には子供の友人を巻き込むような問題にまで発展することもあります。

　児童期（11歳まで）は、親の希望や愛情に対して応えようとするので、子

供は親の意見に沿って行動します。しかし思春期（11歳〜14歳）は親の理想から解放されたいという気持ちや、**親に対する反抗**、そして**両親の希望に対する否定的な態度**があらわれはじめます。「親から独立したい！」という自我の芽生えが反抗心となるため、私は、反抗期を「大人への第一歩」と呼んでいます。ですから私は保護者から「うちの息子、反抗期なんです」と言われたら、「おめでとうございます！　大人になりますね」と返すようにしています。思春期の数年間が終わると親子関係は平穏になります。反抗期はずっとは続きません。安心してください。時が解決してくれます。

▶2. 反抗期の親子喧嘩の原因

　次に、反抗期の親子喧嘩の原因をあげていきますね。

（1）家族より友人と交わるようになる

　思春期になると、児童期と比較して家族と過ごす時間が減り、親から独立して友人と過ごす時間が多くなります。児童期の子供の世界は「家庭の中」だけでしたが、思春期には行動範囲が広がって、社会や人と関わりあいを持ち、世の中のことを知るようになります。「自分の家では、友達の家と違ってこんなことまで注意される！」と抑圧を感じたり、欲求が通らない場合反抗したりします。

（2）親の生きてきた当たり前が、子供が未来にむかって生きる時代の当たり前ではない

　これからの未来を生きる子供たちと、これまで様々な経験をしてきた親とでは価値観が異なります。例えば「親の言うことは絶対！」という家で育てられた親は子供を抑圧するでしょうし、自由を求める子供との間では意見が対立します。また、親も「自分が子供だったときとは違う！　自分はもっと色々なこ

とができていた！」と、過去の自分と比較しますが、良いところだけを思い出して比較している場合もあります。実は子供と同じことをしていた可能性もあります。

（3）複数のイベントの重なり（友達関係・受験・定期テスト・模試）

親子関係も、普段は子供にとってさほどストレスになりませんが、「学校での友達関係の悩み」「定期テストや模試・受験の精神的ストレス」が加わると親への反抗も激しくなります。子供は、学校で友達関係がうまくいかなくても、なかなか親に相談できないケースが多いです。自分の悪いところを親に知られたくなかったり、自分を直視したくなかったり、そもそも何が悪いのかわからなかったりします。質問や相談は、問題の構造を理解して言語化できないと相手に自分の気持ちが伝わりにくく、とても難しいのです。そういった人間関係のストレスを抱えたまま家に帰り、家族にぶつけてしまうと喧嘩になります。また、勉強ですが、「やりたくないけど我慢して勉強する」という子供がほとんどでしょう。子供なりに頑張っているのに、受験期や定期テスト時に点数に言及したり、進路のことで子供の意見に反論したりすると、「自分の全てを批判している！」と受け取られ、喧嘩になる場合もあります。

こういった対人関係やイベントからのストレスが多い時期には、子供は親に反抗します。しかし子供は、「本当は親のことが好きだけど口答え」をし、「親から離れることによって愛情を確認」し、「親に反抗しても、最終的には相手の意を汲んで行動しよう」としています。子供も心から親のことが嫌いで反抗しているわけではありません。**本当は大好きなはず**です。

▶3. 反抗期の子供への接し方

まず頭に入れておいていただきたいのが、反抗期は「11歳〜14歳」の一時

期だけということです。ずっとは続きません。反抗期は過ぎるのを待つ。「**相手にしない**」「**受け流す**」「**放っておく**」が基本です。

（1）過干渉にならない／否定せず、子供の意見を受け入れる

　過干渉とは「口を出しすぎ」ということです。子供の生活態度（忘れ物・手伝い・提出物など）や勉強について、「早くしなさい」「まだやってないの？」と抑圧的に抑えつけたり、「またできてない！」と否定したり、子供の一挙一動に反応して口を出したりしないように心がけましょう。

　親の都合や自己満足、気まぐれで子どもに干渉している場合もあります。子供はそれを察していますし、干渉を自分への攻撃ととらえ、喧嘩になります。子供も「苦労・努力によって結果や成功が導かれる」ということは、親や塾の先生・先輩などの経験や体験談を聞くことでわかっているでしょうし、「これから競争に勝ちぬいていかなければならない」と、うすうすは自覚していると思います。受験期やテスト時も「勉強しなさい！」「まだやってないの？」と強い指示出しをするのではなく、**一呼吸おいて穏やかな気持ちで接してみては**いかがでしょうか。まずは子供の学習環境を整えたり、子供の好きなご飯を作ったりと、裏方に徹しましょう。子供の意見を否定せず、話をしっかり聞いてあげてくださいね。

（2）ヒマにさせない

　反抗期には、顔を合わすたびに文句が出るなど、親と接する時間が長いと喧嘩になります。その場合、部活・塾・習い事など、多くの活動に参加させるようにしましょう。忙しいと親子間だけでなく子供同士の無駄なトラブルを回避することができますし、思春期特有のイライラも解消されます。

（3）時間を決める

塾や宿題・食事・ゲームの時間など、スケジュールを書き出して時間を守ることをルールにしましょう。親が一方的に決めずに、子供と相談して達成可能な範囲の内容にすることが大事です。もちろん大人も約束をしっかり守ってください。書いてあるルールを守るようにすると、「やりなさい！」などと注意する回数も親子の衝突も減ります。

（4）男の子は褒めて調子に乗らせる・女の子はルールを決める

男女で扱いを変えてもいいかもしれません。男の子はプライドが高い場合が多いため、褒めて認めてあげて調子に乗らせるくらいがちょうどよく、女の子は型を作ってあげたほうが落ち着くことが多いように思います。ルールをしっかり作ることが大事です。

（5）その場から去る

前述した通り、反抗期には「相手にしない」「受け流す」「放っておく」ことが基本です。子供の生活態度や反抗が気になり、つい叱って口論や喧嘩になりそうな場合は、親が子供のいる場所からスッと立ち去り気持ちを切り替えることも大事です。まずは怒りをおさめましょう。

▶4. 反抗がない場合も

最後に、反抗期でも目立った反抗のないパターンもあります。

親の言うことに納得している、親が子供と対等な関係である、拘束や干渉がなく自由である、親が怖くて反論できない、嫌われたくない・良い子でいたいと思い反抗できない、強い欲求や意見がないなどが主な理由です。

上記の場合、目立った反抗がないため「うちの子は反抗期がなかった」とな

るでしょう。

▶5. おわりに

　いかがでしたでしょうか？　最初に申し上げた通り、反抗期は思春期の数年間だけです。ずっとは続きません。まずは安心してください。悩んでいるときは、お父さんだけでなく、塾の先生や、学校の先生にも相談してくださいね。**一人で抱え込まずに誰かに助けを求める**ようにしましょう。

　反抗が強いからといって悪いわけではありません。そのような子供は、自分の意見や強い欲求があり、怖くても親や権威に立ち向かえる逞しさがあるとも言えます。草食系の子供が多い中、そのようなアグレッシブな素晴らしい特性があるわけですから、子供の行動や気持ちを抑えつけるのではなく、怒りをおさめドシッと構えて反抗を受け流し、大人の対応を見せつけてやりましょう。子供も承認欲求が満たされ安心感を得るはずです。同じ悩みを持つお母様方も多いです。頑張ってくださいね。

我が子は25年後に幸せな人生を送れているのか?

後藤高浩（GS進学教室：東京都）

▶1. 子どもの25年後と受験

　突然ですが、25年後のお子様の様子を想像してみていただきたいと思います。今お子様が15歳だとすると、25年後は40歳。仕事の上で重要なポジションを担っているかもしれません。結婚して家庭を築いているかもしれません。子どもが生まれて父親・母親としての役割を全うしているかもしれません（ということは、皆さんは「おじいちゃん」「おばあちゃん」になっているわけです）。その時に、お子様は幸せな人生を送れているでしょうか?

　私は35年間塾講師として仕事をさせていただいているので、生徒たちの25年後の様子をたくさん見てきています。SNSの発達によって突然昔の教え子たちと繋がることが増えて、現在30代・40代の教え子と日常的にやり取りしたり、飲みに行ったりする機会が多くなりました。

　彼ら・彼女らと昔話も含めて様々な話をするのですが、とても幸せそうな人とまったく幸せそうでない人に二分されることに気付きました。幸せそうな人は目を輝かせて今の状況や将来のビジョンを熱く語ってくれます。一方、幸せそうでない人は愚痴が多いですし、他人の悪口や自分がいかに大変かということを延々と語ることもあります。もちろんある程度は相談に乗ってアドバイスをするのですが、こういうマイナスオーラに包まれてしまっている人を変える

ことはなかなか難しいのです。

　彼らに数十年前の受験の経験が影響を与えていると感じることがあります。ただし、受験の合否結果ではありません。幸せそうに夢を語ってくれるのはどちらかと言うと受験失敗組の方が多いですし、逆に不幸オーラを出しているのは第一志望校に進学した後に挫折した人が多かったりします。合否よりも「自分の力を信じて逃げないで受験に立ち向かえたか」「受験勉強を自分を高める機会だと認識して自発的に取り組んでいたか」「周囲の仲間や大人に対して感謝の気持ちを持てていたか」等、**受験勉強に取り組む上での姿勢を身につけられたかどうか**の方がその後の人生に大きな影響を与えていると感じるのです。

▶ 2. 自己肯定感を高める

　親が子どもにしてあげられる一番重要なことは、**将来幸せに生きていけるようにすること**だと思っています。順番からいえば親の方が先にこの世からいなくなるわけですが、その時に子どもが幸せな人生を送れているのであれば、子育ては成功したといえるのではないでしょうか。

　では、我が子の25年後の幸せのために、親が具体的にしてあげられることは何なのでしょうか？　もちろん広義の意味での教育はとても重要です。学歴だけでなく、お金の稼ぎ方、生きていく上での様々な知識、人間関係の構築の仕方等をきちんと身につけさせてあげること（そういう場に身を置かせてあげることも含む）は親の責務だと思います。

　私が一番重要だと考えているのは、子どもの**自己肯定感**を高めてあげることと、将来どんな境遇・状況になっても自分の力で乗り越えていける力を身につけさせてあげることです。受験勉強の様子を長期的に見ていると、自己肯定感が高い生徒と低い生徒がいることに気付きます。それが受験においても成績の伸びや合格率に結びついてしまう場合が多いのです。「自分にはできる」と思っ

ている生徒は、多少壁にぶつかっても乗り越えていくための努力をできるからです。

　自己肯定感を高めるためには、家庭での声かけや接し方がとても重要です。具体的には、子どもがやりたいことを尊重してチャンスを与えてあげること、結果だけでなく努力の過程を見て褒めてあげること、叱る時も頭ごなしに叱らないでまず言い分を聞いてあげること等がよく言われていることです。私は、突き詰めて言えば「子どものダメなところも含めて**ありのままを認めてあげること**」「『**あなたのことを大切だと思っている**』というメッセージを、折に触れて言葉やスキンシップで伝えること」だと考えています。

　自己肯定感が高くなれば将来多少辛く苦しいことがあっても乗り越えていくことができるようになりますし、どんな境遇になっても「自分は幸せだ」と思えるようになります。つまり、**幸せかどうかは自分の置かれている環境や境遇で決まるのではなく、その時の心の持ちようで決まる**ということです。であるならば、親が子どもにしてあげられることは1つしかありません。「どんな境遇でも、幸せだと感じられる人に育てること」です。

▶3. 親自身が幸せになること

　もう1つ、最後にとても重要なことを書きます。**親が幸せそうでなければ、子どもが幸せになるのは難しい**ということです。昔の教え子たちと話をする中で、そのことを痛感することが多いです。そういう意味では夫婦仲や親子関係が良いことはとても重要な要素です。教え子の中にも結婚や子どもを持つことに否定的な感情を持っている人がいますが、子どもの頃の家庭環境に原因があってトラウマを抱えているケースが少なくありません。

　それ以外にも親が様々なことを我慢し、自分を犠牲にしているのを見て育っている子どもは、自分も幸せになってはいけないという暗示を自らにかけてし

まっている場合があります。

　親自身が今を幸せに生きて、子どもにとって人生のロールモデルになること。これが子どもを幸せにする一番の近道だと思います。

婚活のいま
〜私が学習塾に結婚
相談所を併設した理由〜

後藤高浩（GS 進学教室：東京都）

▶ 1. なぜ塾に結婚相談所を？

　私は東京の西の果て八王子で難関校受験専門の進学塾を運営しています。皆さん最初はかなり驚かれるのですが、実は塾に「結婚相談所」を併設しています。全国規模の組織に加盟していて、お見合いの設定から交際・プロポーズ・結婚式の段取りまで含めて、本格的な支援を行っています。教え子を中心に会員数は多く、難関校受験の合格率同様、成婚率も結構高い方だと思います。全国広しといえども、学習塾に結婚相談所を併設しているところは他にないのではないでしょうか？（もしあるようでしたら、情報交換等したいのでご連絡をいただけると嬉しいです！）

「なぜ塾に結婚相談所を？」という質問は、今までに何度もいただきました。不思議に思われるのは当然だと思います。元々は個人的に元教え子たちの婚活相談に乗っていたことがきっかけでした。30代の女子が多かったのですが、「結婚はしたいのだけどなかなか相手に恵まれない」「子どもも欲しいけど年齢的にリミットが近づいて焦ってきて」というケースがほとんどでした。飲みに行って話を聞いてあげて、教え子同士を引き合わせて……というようなことをしていたのですが、ボランティアで時間を取ることに限界を感じたことと、相手を探す上でのスケールメリットの必要性を感じたことから、本格的に結婚相談所

を立ち上げたという経緯です（私と女性講師が資格を取りました）。

　教え子が多いこともあり、費用は大手に比べるとかなり安い金額で設定しています。最近は噂を聞いたという教え子の友だちや、バツイチの保護者の方、塾でお付き合いのあった業者の方等、会員の幅がかなり広がってきました。現在は新型コロナウイルス感染拡大の影響でホテルのラウンジ等での対面のお見合いが難しい状況があるのですが、オンラインでのお見合いが当たり前となって遠方の会員ともお見合いが組みやすくなったので、逆に機会が増えているという側面もあります。

▶2. 未婚率の上昇とその原因

　この数十年で未婚率がかなり高くなってきていることは皆さんご存知だと思います。国勢調査のデータによると、生涯未婚率の推移は以下の通りです。

＜生涯未婚率の推移＞　　　　　　　　　　　　　　※小数点以下四捨五入

	1975年	1995年	2015年
男	2%	9%	23%
女	4%	5%	14%

　本稿執筆時点では2020年の国勢調査データがまだ公表されていないのですが、さらに高くなっていることは確実視されていますし、20～30年後には生涯未婚率が男性30％・女性20％に届くのではないかという予測すらあります。

　50年前は97％の人が結婚していたのですから、結婚するのが当たり前の時代でした。21世紀になってから未婚率は一気に上がり、5人に1人（将来的には4人に1人？）が一生結婚しない時代が到来しようとしているのです。

　これには様々な理由があるのですが、私は世間で言われているような経済的な理由や仕事と子育てとの両立の不安という理由は本質的なものではないと感

じています。一番大きな理由は、「適当な人と出会えない」「結婚を前提とした交際がうまくできない」ということではないでしょうか。どんなデータを見ても「将来的には結婚したい」と答える人の割合は依然90％を超えていますし、これは私の教え子たちの状況とも合致します。簡単にいうと「**結婚したいけどできない**」という若者が増えてきているのです。

　数十年前は身近にそういう若者がいたら、会社の上司や親戚、近所のおじさん・おばさんが「いい人がいるよ！」と紹介してくれたり、お見合いの釣書（プロフィール）を持ってきてくれたりと様々なおせっかいを焼いてくれました。今の時代はそんなことをすると「セクハラだ」と言われてしまうので、親も含めてなかなかプライバシーに踏み込めなくなっています。そのために、若者たちが自分で結婚に向けた行動を計画的・具体的に取っていかないとなかなかご縁に結びつかないのです。

▶3. 親が考えておくべきこと

　そんな状況なので、周りの大人たちがタイミングを逃さずに的確にアドバイスや具体的な支援を行って、背中を押してあげることが今まで以上に重要になってきています。

　親が考えておかなくてはならないのは、「我が子は適齢期になったら結婚に向けた行動をきちんと取れるだろうか」ということです。私の経験からいえば、こういう能力も中学生・高校生くらいのうちから鍛えてあげないと、大人になってからではなかなか難しいのです。具体的には、**相手の気持ちを理解し、双方向のコミュニケーションをきちんと取れるようにすること**が一番重要です。受験勉強を通してこの能力も高めていくことが可能だと私は考えています。自学力を高めることは、受験だけでなく就職や結婚等の人生の節目で必ずプラスにつながります。

CHAPTER 2

自学力とテスト勉強

自学力を育む
くにたて式
テスト勉強

國立拓治（さくら個別指導学院：愛知県）

　カラフルでもなく文字主体のこの本を手にして、こんな先まで読み進めてくれている方というのは、勉強への意識が高いご家庭かと想像しています。

　そんな意識が高いご家庭に役立つよう、また自学力を育むことができるよう、ここから定期テストの勉強方法について少しだけお伝えしたいと思います。

　学年に1人いるかどうかの勉強が得意な「天才君」の勉強の取り組みと比較しながら、上を目指す中学生が取り組むべきテスト勉強についてお伝えします。

　ここまでに登場した先生方のおっしゃることと重なる部分も多くあると思いますが、それほど重要なことなのだと思って読み進めてください。

　テスト勉強に大切なことはたった3つだけ。順に説明をしていきましょう。

▶1. 時間を味方につける

「テスト勉強はしない。テスト前日に提出ワークに取り組むだけ」みたいな天才君のテスト勉強エピソード、今までに聞いたことありませんか？

　あれは都市伝説ではなく本当の話です。なぜそれが可能になるかというと、**学校の授業の中で全てを吸収して、その知識をしっかりと覚え続けるからです。**

　学校で学ぶことが100あれば、キッチリ100を吸収することができる圧倒的な能力を学年1人レベルの天才君は持っています。

これは天才君だから可能なのであって、真似したくても真似できません。ならば普通の才能を持つ子たちはどのようにするべきか？

　それは、**万人に平等に与えられる「時間」を味方につけて勉強に取り組むこと**です。時間を味方につける具体的な方法は2つあります。今から紹介する2つの方法を実行して時間を味方につけてください。

（1）学校の授業内で覚えきる！

　ここは天才君の真似が可能です。学ぶことが100あれば、120理解することを目指して前のめりで授業を受けるのです。授業での疑問は授業後すぐに先生に質問をするようにして、学校の授業の濃度を高めることです。

（2）日々学んだ内容を速攻ワーク演習！

　習ったことをすぐに演習することで、学習理解度を高めます。学校で配付されるワークを、学校からの指示を待たずに勝手に日々解き進めるのです。

　日々演習時間を作って天才君が授業内で得た理解度に近づける努力をしなければいけません。

　定期テスト7日前にはテスト範囲が発表されると思いますが、その日には主要5教科のテスト範囲までワーク演習が終わっている状況を目指します。

　あとはテストまで圧倒的に演習を重ねることです。圧倒的な能力には圧倒的な時間を使って対抗を。睡眠時間を削らない範囲で実行です。

▶2. ×を〇にする

　天才君はテスト前にワーク演習に1回しか取り組みません。理由は初回演習時にほぼ正解をし、間違いは解説を読んだだけで次回正解にできるからです。

　しかし、大半の中学生は初回演習時にほぼ正解もできなければ、解説を読ん

だだけで次回正解にもできませんから、この華麗な取り組みを真似してはいけません。

　やるべきなのは「間違えた問題を正解になるまで何度も解き直す」という地道なことです。

　テスト勉強の中身は、簡単に言うと「間違えた問題を理解する」→「解き直して正解にする」この作業のことをいいます。さらに一言で言えば「×を○にする」作業のことです。

　この当たり前の作業に対してどれだけ真剣に向き合えるのか、この作業を重ねてどれだけ理解度を高めることができるのか。ここが勉強の核なのです。

　解答・解説を読んでも理解できないときは、ネットの力を借りたり、人の力を借りたり、あらゆる手段で理解を目指します。情報をネットから探してくる力も、人の力を借りるコミュ力も、自学力の大事な一部です。

「×を○にする」というこのシンプルな取り組みに全力を注ぐのです。

　ご紹介した「時間を味方につける」と「×を○にする」の2点に取り組むことができたなら、テストの結果は上昇して天才君に近づくことができるはずです。

　そして、ここから最後にご紹介する残り1点が、天才君を抜き去ることを可能にする強力な取り組みです。

　これはテスト勉強に限らず、学生に限らず、大人になった以降も含めて今後取り組む全てに対して心がけてほしい事柄です。

　その最後の1点はこちら…

▶ 3. 一生懸命やる

王道にして最も力を発揮する取り組みが「一生懸命やる」です。

言葉にすれば当たり前に聞こえますが、簡単に実行できないのがこの取り組みです。是非「一生懸命に取り組むこと」こそを当たり前としてください。

私がこの取り組みで気に入っているところは全く才能が要らないところです。一生懸命に才能ってないです。万人が実施できる最強の取り組みです。

最初に伝えたテスト勉強のコツ２点はもちろんのこと、この本で多くの先生が勧めてくれた学習方法を、さっそく一生懸命やってみることです。

「一生懸命取り組めば全てが報われる」なんてことがないのがもどかしいところですが、一生懸命取り組んだときにしか大きな成果は手に入りません。

一生懸命やっていると、周りの人たちが力を貸してくれることがあります。これは「人の一生懸命を無駄にしたくない」という気持ちが湧くからだそうです。

一人でやれることには限りがありますから、一生懸命取り組んで多くの人の力を借りながら上を目指していけると良いですね。

以上です。テスト勉強に大切な３点をお伝えしましたが、一番難しいのはこれを中学生本人に取り組んでもらうところです。

本人に伝えるべく軽い調子で書きましたので、是非本人に読ませてください。

他の先生が書いていらっしゃる内容とともにテスト勉強でこの内容を実行してくれたならば、必ずやテストの点数は上がることでしょう。

是非実践してみてください。

記憶の
メカニズムによる
上位校突破勉強法

齋藤　明（松江塾：埼玉県）

▶1. その日のうちに復習を

　学校や塾で、同じ授業を受けているのに友達の方が成績が良かったことはないでしょうか？

　自分は記憶力が悪いと思ったことはないでしょうか？

　もっと簡単に記憶できたらと思ったことはないでしょうか？

　きっと多くの人が一度はそう思ったはずです。

　実は、記憶のメカニズムを利用した「**短時間で効果をあげられる勉強法**」があるのです。この方法を使えば、部活や習い事等で忙しい中学生や高校生も今まで以上の結果が残せると思います。

　その方法は、「**学習したことをその日のうちに繰り返す**」というものです。この方法は、私が中学生のときに在籍していた塾の塾長先生が当時教えてくれました。その塾長先生は東大出身。何十年と指導され、1000人以上の生徒達を見てきた方でした。そして、多くの生徒を上位校へ進学させていました。その塾長先生は「塾で解いた問題は、帰宅してから寝るまでの間にもう一度解き直しなさい」と、仰っていました。これをするだけで忘れにくくなります。そしてこれは、脳科学的に証明されているのです。

▶ 2. エビングハウスの忘却曲線

ここに「エビングハウスの忘却曲線」というデータがあります。

簡単に説明すると、「人は一度覚えたことでも、1時間後には半分以上を忘れ、翌日には約70％以上を忘れている」ということです。忘れたことを復習するには、調べたり、答えを見たり、余計な時間がかかります。忘れる前に復習することで知識の定着に繋がります。また、効率的な勉強にも繋がります。長期的な記憶の第一歩である定着こそ、成績アップへの近道です。

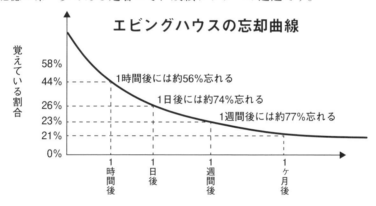

エビングハウスの忘却曲線

覚えている割合

- 58%
- 44% —— 1時間後には約56％忘れる
- 26% —— 1日後には約74％忘れる
- 23% —— 1週間後には約77％忘れる
- 21%
- 0%

1時間後 / 1日後 / 1週間後 / 1ヶ月後

▶ 3. 筆者の経験から

当時の私は、最初こそ塾長先生に言われたように続けていましたが、途中でやめてしまいました。塾から帰宅したその日に確認しても、答えや解き方を覚えているから解き直しても意味がないと思ってしまったのです。その勝手な判断が、その後の人生を変えました。

実は私には、同じ学校で同じ部活、そして同じ塾に通う2人のライバルがいました。そのライバルの友人2人は、その方法を継続していました。私がその塾に入塾してからおよそ3年後、友人2人は川越高校を受験し、合格しました。

私は偏差値的にギリギリだったため、川越高校を受けられませんでした。当時はもし仮に自分も川越高校を受けていたら、合格していたのではないかと悔しい気持ちがありました。

　その後悔もあり、塾の生徒達にも同じことを伝えています。「塾で学習したことはその日のうちに繰り返しなさい。時間がないときは見返すだけでもいい」と。1日たった5分や10分の解き直しが進学する高校や大学を変えるのです。それは、自分の未来を変えるということです。自塾の生徒達には、これが3年間続けられたら、川越高校や川越女子高校以上の高校へ進学できると伝えています。お子さんにもぜひ教えてあげてください。

自学力向上の ための 文房具

満森圭（青木学院：神奈川県）

▶1. 良い自学のために筆を選ぼう

「弘法筆を選ばず」という言葉があります。書の達人はともあれ、未だ**達人ではない皆さんには筆を選んでもらいたいです**。自学力を支える集中力のために、目に見えない小さなストレスを、ちょっとした気遣いと投資で防ぎましょう。

▶2. こんな「筆」はダメだ

（1）チャームつきペン

音で集中が削がれます。重心が動くので手も疲れがちです。華美な装飾のものはそこにコストを使っていて、本質にコストがかかっていないものが多いです。

（2）筆記時に引っかかる、造りが安い文房具

安い筆記具は芯やインクが詰まりがちです。安い紙も書きにくく消えにくく破れやすいです。安い多色ペンなどは分解して戻すときに壊しがちなのもマイナスです。

▶ 3. 心のベスト 10 第一位はこんな「筆」だった

（1）シャープペンシル

❶グラフギア

「ぺんてる　グラフギア500」は製図用のシャープペンシルです。定価550円と安心の値段です。金属グリップの凹凸が滑りにくく、先金がスリムで書いた文字が見やすいです。重心が低く、文字を書いていて疲れにくいのも良いです。PGシリーズは種類も豊富なので、店頭で書き比べてみてください。

❷オレンズネロ

「ぺんてる　オレンズネロ」は定価3300円ですが、その価値はあります。芯が折れにくい構造で筆記時のストレスが減ります。ペン先が紙面から離れるたびに自動的に芯が出てくれるのでノックの必要がありません。ボールペンのように書き続けられます。12角の軸は手に馴染みやすく、現時点で最も使いやすいシャープペンシルの一つです。

（2）消しゴム

「消える」「折れにくい」という2点を勘案してのオススメが「アーチ消しゴム」です。消しゴムはケースの縁にゴムが当たった時の圧力で折れがちですが、これは折れにくいケースの形状になっています。ケースにミシン目が入っていることで、ハサミなしでもケースを切って短くして使えます。素手で消しゴムに触れるとゴムが体表の脂と反応して劣化し、割れや消し味低下の原因になるので必ずケースで保護して使いましょう。同様の機能を持つ「トンボ鉛筆モノ学習用消しゴム」もオススメです。

（３）ボールペン

ボールペンのインクは「油性」「エマルジョン」「ゲル」「水性」などの種類があります。前者ほどねっとりして滲みがなく、後者ほどサラサラした書き心地です。

❶ジェットストリーム

「三菱鉛筆　ジェットストリーム」(油性)はボールペンの代名詞です。書き味・リフィル（替え芯）の入手しやすさ・バリエーションで人気です。ボールペンデビューに最適です。その上で「ゼブラ　サラサクリップ」（ゲル）「ゼブラ　ブレン」（エマルジョン）「三菱鉛筆　ユニボールシグノ」（ゲル）「ぺんてる　エナージェル」（ゲル）などと比べてお好みの１本を見つけてください。いずれもとても良いペンです。

❷ユニボール　ワン

先述のボールペン以外のオススメは「三菱鉛筆　ユニボール　ワン」（ゲル）です。色がはっきりくっきりとして見やすいインクが特徴です。店頭で試し書きができれば、他の製品とぜひ比べてみてください。色が弱くなりがちな黄色でも見やすいです。0.5mm が主流のボールペン界において珍しく細かい筆記がしやすい 0.38mm に力を入れていて、色のバリエーションも後者が多いです。とりわけボールペンでノートを取りたい方にオススメです。

（４）ペンケース

❶663　ストーンペンケース

使いたい筆記用具を素早く取り出せない、口が狭いタイプのペンケースは自学の敵です。「LOONLOON 663 ストーンペンケース」は口が大きく開いて取り出しやすく、内部のホルダーとネットで文房具の仕分けがしやすいので非常に使いやすいです。予め文房具を厳選して余計なものは持ち歩かないようにす

るのも大事な準備です。

❷立つペンケース

「ソニック　スマ・スタ　立つペンケース」は近年流行の縦置き型です。縦置き型は不安定になるものがありますが、これは蓋がスタンドの一部になって安定します。また、蓋をスマホスタンドとしても使えるので動画授業の再生やストップウォッチ・タイマーにスマホを使う人にオススメです。

▶ **4. 神は細部に宿る**

「そんなに細かいことにこだわっても」と思うかもしれません。でも、「**神は細部に宿る**」といいます。自分にとって最高の自学環境を整えるためにペンと紙までこだわれるなら、学習本体の細部にもこだわれる自学者になれるかもしれませんよね？

(1)❶グラフギア500、❷オレンズネロ、(2)アーチ、(3)❶ジェットストリーム、❷ユニボールワン

(4)❶ストーンペンケース、❷立つペンケース

正しい
一夜漬けの
しかた

小島正義（夢盟塾：石川県）

▶1. 答え写しはダメ？

　お子さんが学校や塾のワークの答えを写している…そんな現場を見かけたら、どうしますか？　注意しますか？　叱りますか？　あえて何も言いませんか？　何も言わないにしても、少しイラッとくるというか、何か物申したくなりますよね？　でも、もしその日がテスト前日だったり間近だったりしたら、許してあげてほしいですし、写す際のアドバイスもしてあげてほしいです。本日は**最強の一夜漬け勉強法**、「答え写し」についてお話しします。

　そもそも、なぜ「答えを写すのはダメだ！」という意見が多いのでしょうか。多い意見としては、「考える力が育たない」「自分でやろうとする力が育たない」「ただ写しているだけで頭に入ってない」というものがあるかと思います。確かに、写しているだけでは頭が働いていない気がしますし、何よりもズルしている感じがしますよね。我が子にはズルをするような子になってほしくない。そんな気持ちが強いのかと思います。

▶2. 教え子の経験から

　でも、ちょっとここで私の塾の元生徒のお話を聞いてください。彼は国立大医学部に合格した子ですが、少々、いやかなり気の弱い子でした。ですから友

達からの頼みはほぼ断れません。彼の通う高校の数学の先生は、テスト毎に学校のワークをしたノートの提出を課題として出していました。それを面倒くさいとやりたがらない彼の友達は…そう、この彼に頼むのです。「俺の代わりにやってくれ」と。ひどい話です。しかも、1人ではなく、最初は3人ほど、最終的には5、6人ほどになったようです。

　自分の分と、そして友達5人ほどの分。困った彼はある行動に出ます。まず、課題が終わった別の友達からノートを借ります。次にそのノートをコンビニなどでコピーします。あとはそのコピーを元に、自分と友達5人のノートにひたすら書き写す。気の弱い彼にとってはかなり大胆な行動でしたし、ノートを貸してくれる別の良い友達もいて、本当に良かったです。その友達は、彼以上に気が弱かったのかもしれません。

　それはさておき。そんな彼がこのようなノート写しを続けて1年半ほどが経過。高2の秋過ぎでした。とある模試で、数学の偏差値が突然70を超えました。それまでは、良くて60少々という成績でしたから、飛躍的にアップといっても過言ではありません。その後は75や80近く取ってくることもありました。思考力や発想力を最も使う印象が強い数学においても書き写しが効果的である、と証明した事例でした。

　医学部合格後の彼は後年、こう語っています。あの時は5人の友達に対して「ひどい」と思ったけれど、彼らがいなかったら書き写しもこれだけできなかったし、医学部に合格できたのは「ノート書き写しの機会をくれた5人のおかげ」でした、と。本当に優しい性格の彼です。彼の合格後、他の生徒たちにも「答え写し」のアドバイスを時折しています。保護者の方から時々クレームの電話もいただきますが…ちゃんとやってくれている子たちは小中高生関係なく結果を出しています。

　答え写しは最強の勉強法の一つだ、と私は断言します。

もちろん、テストや入試までにまだ時間的余裕があるのならば、安易に答えを見ず、写さず、自分で考えてほしいとも思います。悩み、思考することは、それ即ち、困難に立ち向かう精神力を育むことにもなります。どちらかというと方法論というよりも精神論・根性論になりますが、勉強や受験のみならず、いろんな場面で気合いと根性は必要ですから、難問を思考する機会を通じて磨いてほしいです。

▶ 3. 答え写しに必要なもの
　しかし、今回のテーマは「一夜漬け」です。メンタル育成よりも、目の前に迫った明日のテストで結果を出すことが最重要です。そうした時に、テスト範囲のワークを、答えを写して丸暗記するという勉強は非常に時間的効率もよく、さらに上に記した通り大変効果的なので、一夜漬けの勉強法としてぜひ一つ、答えを写しまくってほしいです。

　ただし。答え写し、方法を間違えると「ただ写しているだけ」となります。必要なものは３つ。答えを書きなぐるためのノート。青ペン（大量）。そして写した後の確認テストです。

（1）書きなぐりノート
　まず、書きなぐりノート。先のお話に出てきた医学部合格の彼。彼は５人のノートを書き写した、つまり、複数回書いたから数学の解法を習得できたのです。１回書いただけで覚えられたら、それは天才です。何回も書くために、それ用のノートを準備しましょう。ノートの字はグチャグチャで構いません。「書きなぐり」ノートと書いたのはそのためです。丁寧さよりも、**何度も書くことが一番大切**です。

（2）青ペン

次に、青ペン。これは科学的に証明されているわけではありませんが、青ペンで書くと暗記できる、という子はとても多いです。なぜでしょう。心が落ち着くのでしょうか。真相は分かりませんが、青ペンで書きなぐることを私も生徒たちに勧めたところ、旧帝大や地域の優秀な中高に合格する生徒が増えてきました。まるで都市伝説ですが、結果が出ているのは確かです。青ペンを大量に用意しましょう。

（3）確認テスト

机の上には、開かれた問題集とその答え。そうです、答えも開いておきましょう。そして書きなぐりノートと青ペンを何本か。答えを丸暗記してもらう環境を整えたうえで、「後でテストするよ」と一言伝えてください。テストがあるという緊張感は、答えの書き写しに真剣みを加えてくれます。伝え方が強すぎると逆に脳が萎縮して暗記できませんので、軽めに。直接しっかりと見たい場合は親御さんが確認テストを、それが面倒な場合は塾の先生にお願いするのがベストです。

▶4. まとめ

もしお子さんが「明日のテスト、どうしようー??」と頭を抱えていたら、すぐコンビニに行って、ノートと青ペンを買ってきましょう。そして机の上に問題集と答えを広げさせて、「さぁ、この青ペンでノートに答えを写そう！」と伝えましょう。キョトンとするかもしれませんが、その時は上の医学部に合格した気弱な彼のお話をしてあげてください。お子さんに是非とも効果的な一夜漬け方法を教えてあげてください。

自学力を高める
1日5分の
メンタルトレーニング

衣笠邦夫（碩学ゼミナール：徳島県）

　1日5分でできるメンタルトレーニングで効果的なものとしては、瞑想・日記・イメージトレーニングなどがあります。また、運動・日光浴なども精神の安定に役立つことはよく知られています。

▶1. マインドフルネス瞑想

　まず瞑想では、マインドフルネス瞑想がおすすめです。これはGoogleやApple、マッキンゼーなどアメリカの大手企業も採用している、科学的根拠に基づいた瞑想です。効果としてはストレス軽減・自律神経の安定・脳の活性化・ダイエット効果・記憶力の向上などが確認されています。

　やり方としては、まず背筋が伸ばせるように座り、肩の力を抜いてリラックスします。それからゆったりと自然なペースで呼吸をし、意識を呼吸だけに向けます。「よい・悪い」の判断を挟まず、**あるがままに受け入れる心の状態を**求めます。心に雑念がわいてきたことに気づいたら、また意識を呼吸に戻します。原則的には、これだけを毎日5分から10分実施することで効果が期待できます。

　このマインドフルネス瞑想で子どもの成績が上昇した、という研究報告があります。カナダのブリティッシュ・コロンビア州の公立校で、9歳前後の生徒

99人を対象にした研究を行いました。そして毎日3分間の瞑想を3回、4か月間行った生徒のグループと瞑想を全く行わなかったグループの算数の成績を比較したところ、瞑想を行ったグループのスコアが15%高かったとのことです。

▶2. 日記と学習報告書

次に「日記」については、その効用は科学的にも証明されています。国立研究開発法人情報通信研究機構と立命館大学の共同研究によると、日々の感謝した事項を記録する「感謝日記」が学習モチベーションの向上に影響を与えることが報告されています。

実験参加者は84名の大学生で、「感謝日記」を書くグループと書かないグループに分けて実施しました。その結果、「感謝日記」を書くグループのうち与えられた課題をほぼ毎日行った実験参加者は、学習モチベーションが向上したことが分かりました。また、この効果は3か月後まで維持されていました。これは生徒に「感謝日記」のような**日々の事柄に感謝する機会を提供する**ことで、**学習モチベーションを向上させる**ことができることを示唆しています。

サッカーの本田圭佑選手は小学生のときから書いている「練習日記」が100冊を超えたといいます。また、大リーグの大谷翔平選手は8歳のころから、父の指導で「野球日記」をつけています。現在日本卓球界のトップのひとり伊藤美誠選手は対戦相手の動画を見て感じたことを今も書き続けています。「ノートをつけていなかったら自分で考えられる選手になれなかったかもしれない」と語っており、そのノートの数は2018年の時点で79冊を超えたとのことです。

私の塾では毎年4月以降、中3生に「勉強日記」にあたる「学習報告書」を書いてもらっています。中3生全員が、学校の授業以外で勉強した教材、その内容・時間に加え、1日の感想と感謝することを3つ、毎日記入しています。そして、その1週間分を毎週月曜日に提出するのが決まりです。それに対して

衣笠が一人一人全員に、毎回赤ペンでコメントを記入して返しています。現在の自分の状況をありのままに紙に書くことによって、メタ認知（自分を第三者の視点から見ること）の能力が育ち、自律して自らやるべきことができるようになります。

　1年間「学習報告書」を書いた卒業生の感想は、

「学習報告書を書くようになってから、自分の学習時間が増えることに喜びを感じ、将来の目標に向かって勉強し続けることができました」
「学習報告書の力はすごく私にやる気と勇気をつけてくれたと思います」
「学習報告書では、今自分がやらなければいけない課題を見つけることができ、どんどん勉強時間が増えていきました。また学習報告書が返ってくるときの塾長のメッセージは毎回とても私を勇気づけてくれました」

などです。
　学習報告書を毎日記入した生徒の成長は顕著です。

▶ 3. イメージトレーニングと合格体験記
　最後に、イメージトレーニングも目標達成のために効果があります。イメージトレーニングの方法としては、まず目をつぶって頭の中で自分の成功した姿を思い浮かべ、そのときの自分の鼓動や体温まで想像します。これを5分間、毎日行っているうちに、最初は白黒だった脳内の映像が臨場感をともなってカラーで見えるようになってきます。脳内で映像として描けた場面は、脳は実際に体験したことと錯覚するので、イメージトレーニングを続けていると、成功するか否かの迷いがなくなり目の前の課題に集中して取り組めます。
　オーストラリアの心理学者が行ったバスケットボールのフリースローの実験

では、20日間毎日練習させたグループはフリースローの成功率が24％上がりました。また、1日目と20日目の2日だけ実際にフリースローを練習した上で、その他の日には実際の練習はせずに毎日20分間、自分がフリースローを成功させている場面を頭の中でイメージさせたグループでも成功率は23％上がりました。2つのグループの成功率の差はわずかに1％という驚きの結果でした。

　自塾の授業中にも、中3生を中心にイメージトレーニングの重要性とその方法をくりかえし伝えています。目標達成のイメージをリアルに体感してもらうために、志望校に合格した自分を想像（イメージ）して、「合格体験記」を中3の1学期に書いてもらっています。

　志望校合格の当日に塾生が書いた「合格体験記」の一部を紹介します。
「くじけそうになったとき、自分がA高の制服を着て笑顔でA高に通っている姿、合格通知を見てすごく喜んでいる姿を想像し、『絶対これを夢のままで終わらせたらあかん！　絶対実現してやる！』ともう一度、気合を入れ直す！これが自分流の、くじけそうになったときに立ち直るための方法でした。これをすると、気持ちの問題かもしれませんが、すごくやる気が出て集中力が高まりました」

　衣笠自身も瞑想・感謝日記・イメージトレーニングのルーティーンを実行しだしてから、心身ともに高水準の幸福感とチャレンジ意欲旺盛な毎日が続いています。一般的には、まず1日5分の「感謝日記」から始めて効果を実感した後に、他の項目にも広げていくことが最善の方法ではないでしょうか。

CHAPTER 3

自学力と好奇心

親子で
育てる
知的好奇心の芽

六人部鉄平（A4U：大阪府）

▶1. 自学力の原動力は好奇心

　不思議なことや未知のことに対する強い関心が好奇心です。好奇心が備わっている子供はそれを力の源として探求心をどんどん育みます。探求心がしっかりと磨かれてしまえば子供は自学し、疑問を解消できるように考え、行動するようになります。

　一方、好奇心がない子供は何かを学んだとき、「教わったまま・見たまま・書いてあるまま」記憶するだけにとどまります。それらが真実であるかどうかを考えようともせず鵜呑みにするだけです。こうなっては自学できる状態からはかけ離れています。ですから、**自学力には好奇心が重要**となります。

▶2. 好奇心を持つための種まき

　子供が何かを不思議に思い、興味を持つ瞬間は日常生活に密接しています。特に直接手で触れることができるような具体物から得られる体験は貴重です。具体的な体験が豊富であるほど好奇心が刺激されやすい状態になります。つまり、不思議や未知に対する感度が上がるのです。したがって、**具体的な体験に基づく体験知とでもいうべきものを積み上げる**ことがカギになります。

（1）体験知がなぜ重要か

　体験知を積み重ねることは「普通」を積み重ねることといえます。「不思議だ」とか、「なんでだ？」とか思うような好奇心が刺激される瞬間というのは、自己の体験により構築された「普通」とは違った何かが起こったときです。いつも通りに投げたはずのボールがなぜか曲がった。曲がったことを不思議に感じられるのは、普段はまっすぐ飛んでいくという積み重なった体験知があってこそです。加えて言えば、まっすぐにボールを投げることができるようになるまでにも様々な体験知を得られることを考えれば、具体物から得られる体験知を積み上げることは本当に重要なのです。

　情報通信技術の発達を否定するつもりはありませんが、映像で見せられるものは理想的なものばかりです。ボールも理想的な弧を描き飛んでいきます。そこにはイレギュラーな要素はなく、好奇心が刺激されることは起こりません。

　見ただけで体験知も得ることができるのであれば、昔に比べると様々な映像を見ることができる環境にある現代の子供達は、もっと目覚ましい成長を遂げているはずです。しかしながら、どこかひと味足りない子供が増えているように感じます。これは見るだけでは体験知が得られない証拠ではないでしょうか。だからこそ、実際に体験を積み重ねることが重要なのです。

（2）日常生活における体験知の減少

　現代はひと昔前に比べると科学や技術が発達しています。それにより日常的に得られる体験知が減りました。浴槽の水が上のほうだけ温まっていて、いざ足を突っ込んでびっくりすることもないでしょうし、IHの普及により火を見たことがない子供もいるでしょう。将来的には電子マネーの普及により、現金で買い物をしたことがないといった子供も出てくるかもしれません。生活面での体験知の減少はこれからも進むでしょう。

また、外で遊ぶ機会も減りました。これは現代の子供がゲームでばかり遊んでいるからというのが理由ではありません。外で遊んでも楽しくないのです。公園に行けばその理由は一目瞭然です。野球禁止・サッカー禁止・ボール遊び禁止・花火禁止とやってはいけないことだらけです。こんな状況では子供達の遊びがゲームに偏ってしまうのも頷けます。このように遊びの面でも体験知は減少しています。

　こんな現代において体験知を十分に得るには保護者の力に頼るしかないでしょう。機会が減っているのであれば意識的に補っていくしかないのです。

▶3. 芽を育てる

　具体的な体験を十分に積んだ子供は、いわば沢山の種がまかれた畑のような状態です。後は何かのきっかけで芽が出るのを待つばかりです。芽が出たらしっかり育てるサポートをするのが保護者の役割といえます。特に中学校に進学するまでは、保護者の助力無しに芽を上手く育てるのは不可能です。

（1）疑問との付き合い方

　子供から「なぜ」という疑問が出たらそれは芽が出たサインです。即座に答えを与えずに子供の考えをしっかり聞いてあげましょう。どういう根拠からどんな結論に至ったのか、そうしたキャッチボールが重要です。中には答えの出ないような難問もあるでしょうが、それはわからないまま終わってもよいのです。わからないという結論に至るまでの過程こそが重要で、図書館に行ったり、インターネットで調べたりと疑問を解消するための行動をクセづけましょう。**世の中には不思議でわからないことが沢山ある**という事実を知るのが肝要です。謎に遭遇したときに燃えるような子供であってほしいものです。

（2）親と子の関係

　子供が疑問に思ったことを遠慮なく発言できるという環境は最も重要かもしれません。次々と芽が出ているのに、保護者が「学校の先生に聞きなさい」「下らないことを聞くな」などと切り捨ててしまうのはせっかく出た芽を摘むも同然です。保護者がこのような対応を続けると子供は疑問があっても口をつぐんでしまいます。どうせ聞いても無駄だという理由から諦めの気持ちが勝ってしまうのです。これではいったい何のために種まきをしたのかわからなくなってしまいます。親が種をまき、子供は芽が出たことを知らせる。そして、その芽は親子で協力して育てる。このサイクルをしっかりと構築すれば自学力は自ずと身につきます。

好奇心の
水やり
〜自由研究を通じて〜

根本崇司（桜進学会：東京都）

▶1. 自学力と自由研究

　夏休みの自由研究、お子さんはどのように取り組んでいらっしゃいますか。自由研究のネタ本を参考にして、まとめていますか。ワークショップで体験したことを参考にして、まとめていますか。確かに、それらには設計図があって、取り組みやすいかもしれません。ただ、自学力に結び付けるために、もう一歩踏み込んでみませんか。

　ここでは、自学力を「みずから進んで学び続ける力」と定義します。現在、入試問題を見ても、新学習指導要領を読んでも、与えられたことをなぞるだけの勉強は、すでに過去のものとなりつつあります。課題が与えられるのを待つのではなく、みずから問いを立てて次に進むトレーニングをしていきましょう。

▶2. 自由研究の二つの段階①：種まき期

　自由研究にみずから取り組めるようになる途上には、①種まき期と②水やり期があると考えます。多くの自由研究は①種まき期で終えてしまっているのではないでしょうか。

　『マンガ日本の歴史』を読んでいれば、歴史上の人物を身近に感じるかもしれません。NHKのサイエンス特集を見ていれば、感動があるかもしれません。

どこで好奇心が芽生えるかは人それぞれなので、より多くの事柄に触れることがよいでしょう。

ただし、それだけでは「楽しい」で終わってしまうこともよくあります。では、楽しいところから「みずから問いを立てる力」につなげるには、どのようにすればよいのでしょうか。そのためには②水やり期をつくり、その子の好奇心のバックアップをしましょう。

▶3. 自由研究の二つの段階②：水やり期
（1）一緒に楽しむ

まず、自由研究のテーマを決める際、その子の考え方をポジティブに認めましょう。「それ、いいねー！　楽しそう！」と、その子と同じ目線で一緒に楽しみませんか。受け入れられる土壌があると、その子は自由な意見を持ちやすく、そして発信しやすくなります。「正解」にこだわるあまり、「間違えたら嫌だな」と萎縮してしまうのはもったいないです。「これだったら、おもしろいね」「こっちは？」など、**一緒になって、楽しみましょう**。ミスすることさえも、おもしろいと笑い飛ばせたらよいですね。

（2）問いかける

次に、「なぜ？」「本当にそうなのかな？」「○○は、どう思う？」と問いかけることで、その子にみずからの頭で考えてもらいましょう。ここで、「『なぜ？』と問いかける私が、その答えを持っていないよ」とおっしゃるかもしれません。大丈夫です。知らなければ、そのことも打ち明けましょう。「お母さん、初めて知った！」「お父さんも知らないなあ」。そして、一緒に調べればよいのです。なぜ？と問うことで、その子が思いを巡らせることが大切です。

さらに、普段の生活に「なぜ？」を習慣として取り入れると、みずから考え

ることが日常となります。街を歩いていても、テレビを見ていても、「なぜ？」と問うことで、その子のフィルターを通した意見につながります。

（3）一緒に取り組む

テーマを絞ることができたならば、次はアウトプットに一緒に取り組みましょう。小中学校では自由研究の大まかな指示があったとしても、個々のプロセスに合わせて、順に指導することは稀です。「さあ、自分一人で自由に研究をしてごらん」と促されても、小中学生にとってはこれでは取り組みづらいでしょう。親としては、「こんな風にしてみたら」「私ならこうするかな」のようなアプローチで充分だと思います。その時々で取り組み方がわかると、その子は「自分にもできる」と感じて、取り組むようになるでしょう。

そして、**年々少しずつサポートする手を放していきましょう**。前年ほどには伝えない、というのが一つの目安となります。

（4）見守る

期間が限定されているのもまた、自由研究のよいところです。仕上げざるを得ない状況にみずからを置くことで、とりあえず問いを立てる、試行錯誤する、と行動を積み重ねられます。その中で不具合があれば、調整すればよいのです。その子も宿題として完成させようと感じている期間です。スポーツの試合や演奏の発表会等と同様、負荷に立ち向かってもらいましょう。負荷を避けたまま、それなりにはできるけれど、いつまでも初心者の域を脱することができない、という経験は誰しもあるのではないでしょうか。楽しみの先にある負荷のかかるプロセスを、**心の中でポジティブに応援しながら見守りましょう**。

▶4. 親の自由研究

「みずから学ぶ」と聞くと、はじめから自分一人で行うもの、というイメージをもつかもしれません。そのように指導する方もいらっしゃるかもしれませんが、私は②水やり期を導入することをお勧めします。

例えば、野球でバッティングがうまくなりたいと思った子の中のどれだけが、毎日みずから進んで素振りをやるようになるでしょうか。親や指導者が一緒に取り組んでくれるから続けられることもあります。野球のイチロー選手が毎日、父親にバッティングセンターに連れて行ってもらったのは、有名な話ですね。

親が関わることは、必ずしも依存に直結するものではありません。確かに、親がいつも先回りして手を打てば、その子は依存するようになるし、親もその状態に依存するようになります。その子を一人の個人と見て、親が手を放す加減を身につけることが肝要です。

心理学においても、幼少期に充分な依存をした者ほど、自立への道を進むことができるという研究結果もあります。手塩にかけて育てる、という言葉もありますが、同時に**親が手を放す良い塩梅を試行錯誤することは、親にとっての「自由研究」**なのかもしれませんね。

▶5. まとめ

みずから問いを立てて考え、発表することを習慣とするまでには負荷がかかります。ただ、それを乗り越えると、みずからの問いをきっかけに自分自身を作っていく術を身につけることができます。まずは、自由研究を通じて関心のあるテーマから少しずつ実践してみることをお勧めします。**始めるのに遅すぎるということはありませんよ。**

リケジョ育成
女性的アプローチによる知的
好奇心・探究心の根っこの育て方

近野瀬里乃（α-HERIX：東京都）

▶1. 好奇心とは

（1）遺伝だけではない

「なぜ？」「どうして？」といった好奇心は、生まれながらにして個人差が大きいと考えられています。幼児期から様々なものに興味を示し、片っ端から指をさす子もいますし、自分の気に入ったものにしか興味を示さず、一つのもの・一つの分野にどっぷり浸かる子もいるでしょう。最近では、ゲーム・動画といった娯楽関連には興味を示すが、勉強にまつわるものにはほとんど見向きもしない子も年々増えているように思います。

　確かに、先天的なものは少なからず影響しますが、多くは後天的な獲得によるものであると考えられます。では、一体どのように後天的に好奇心は育まれるのでしょうか。

（2）好奇心はどのように生まれるか
❶予測・予想の裏切り

　そもそも、好奇心（ここではとりわけ知的好奇心としましょう）はどうやって生まれてくるのでしょうか。一般的には、**知的情報・知識の不足によって生**じるものであるといわれています。子どもはスポンジのように様々な知識を吸

収していきます。そして、新しく受け取った知識・情報と既存の知識の間に関連性を見出し、予測・予想をします。それが裏切られた時に好奇心は発動されるものだと考えられます。

　たとえば、幼少期に「雨が降った後には虹が出る」と経験から学んだとしましょう。ある日雨が降った後、虹が出る条件が揃いました。きっと予想するはずです。「七色の虹がかかるだろう」と。これが知識からくる予想になります。では、これがどのように裏切られると好奇心が発動されるのでしょうか。

❷裏切りの例

　筆者の体験ですが、札幌から夕張へ車で向かっている途中、降っていた雨が止み、運よく虹が出る条件が揃いました。「北海道の広大な土地で見る虹は美しいに違いない」とワクワクしていました。しかし、見渡せども虹は見えません。何がなんでも美しい虹を見たかったので、仕事仲間にもっと走るようにお願いをしました。そしてようやく見えたものは、予想を裏切り、なんと二本の虹でした。それだけではなく、私たちはなんと虹の根元にいたのです。見えるはずもないですよね、根元ですから。

　そこで知的好奇心はフル回転します。「根元なんて！　経験したことない！そもそも虹はどこから生えているんだ?!」今はネットの時代です。その日の地理的・気象的データをしらみつぶしに調べていきます。でも、わからない。「なんだーこれは！」というワクワク感でいっぱいになります。40近い筆者がきっとその時は少女のような顔をしていたはずです。

　持ち合わせの知識で予測・予想をし、それがいとも簡単に裏切られた瞬間や「なぜ？」を解決することができない状況に追い込まれた時に、我々は好奇心を体感することができます。そしてこれが探究心への原動力に続いていきます。

▶2. 好奇心を育むには

（1）中学生・女子・理系という三重の難しさ

では、好奇心を後天的に育むにはどうしたらよいのでしょうか。

幼児期の子供であれば、先天的要素を考慮した親の声掛けが大切であるとお話ししますが、中学生、しかも女子となると声掛け程度では好奇心を育成するのは難しいと思ってください。なぜなら、認識の仕方が女子と男子では異なり、さらにリケジョとなると認識のレベルが1段階文系女子よりも上がるからです。

（2）2種類の認識タイプ

子供には文字で認識するタイプと映像で認識するタイプの2種類が存在します。**女子は、どちらかというと映像認識の子が多い**ように長年の経験で感じています。目の前で起きている現象を視覚情報として受け取り、映像化し、それを脳内で文字化します。文字化がスムーズでない場合は、抽象的な概念から具体的な式や見方に結び付けるのが苦手な暗記優位の文系女子です。ですから、算数の文章問題や図形問題が苦手な傾向があります。国語で物語文よりも説明・論説文が苦手になる子が多いのは、文字的な認識よりも映像認識の方が優位なためです。

リケジョは、**映像認識に文字認識が上乗せされたタイプ**だと考えます。この抽象的な映像情報を論理的に組み合わせ、脳内で文字化するのが得意な女子が、いわゆるリケジョであると考えられます。

つまり、後天的にリケジョを育成するには、この**抽象概念を論理に変換する訓練**が必要であるということです。では、どのように訓練すればよいのでしょうか。ここで具体的な方法を3つご紹介します。

▶ 3. リケジョ的知的好奇心の訓練
（1）「なぜ？」という好奇心を発動するための知識の拡充
・化学・生物・物理、そして自然・環境分野の知識
・算数・数学のパターン学習の回避、および図形処理を伴う思考問題・証明
　の定期的な訓練

　予想・予測に反することと出合うためには、**知識の拡充**が必要です。最近は、生活に密着した理科や自然科学の知識が詰まった本が多く売られています。1冊でも多く手に取り、気になったところには付箋を貼ったり蛍光マーカーで線を引いたりしながら、何度も読んでみてください。また、単なる暗記ではなく、法則や発見の裏付けなども1冊の本から広げて調べてみてください。その時に、調べたことは付箋に書き、該当する本の箇所に貼ってみてください。抽象的なものに関しては、自ら図示してみてください。

（2）疑問が生じる・問題提起にぶつかるような環境に置く
・科学館・博物館の利用
・好奇心・探究心を大切にしている大人との会話
・ゼロの環境へ数日間滞在させる

　知識を拡充した後には、その**知識の不足を感じる環境**にあえて置くことが必要です。科学館や博物館へ行くこともよいと思いますし、習い事を活用するのもよいと思います。今まで学んだ知識では解決できない事象に意図的に遭遇させ、それを繰り返すことがよい訓練になります。
　また、効果を上げるためには、予習（予想・予測）をした上で足を運ぶことも大切ですし、好奇心・探究心を大切にしている大人と一緒に行動するのもよ

いでしょう。筆者自身の塾では、事前学習を子供たちと行い、一緒に科学館へ行きます。館内を回りながら、適切な頻度であえて「予想・予測」に反する問題を投げかけます。教えすぎても意味がなくなってしまうので、いい塩梅で行っています。

　また、あえて何もない環境でどうするか、何が必要かを提起させるために、ゼロ教育というものを行っています。無人島などに足を運び、何もない中からゼロイチを生みだす環境にあえて子供たちを放りだします。

（3）自分の知らない知的範囲へのアプローチ訓練
　・わからないことがあった時の調べ学習の訓練
　・「なぜ？」と思った時にそれをプラスの学びの機会であると考えさせる

　予想に反したことが起こると、「あれ？　なぜだ？」と思い、探究心の原動力へと結び付きます。予想の反し方が大きければ大きいほど好奇心は働きます。自分の知らない範囲にどうアプローチするかを訓練されている子は、その「なぜ？　どうして？」に対して、自分なりに今までの知識と経験を結び付け、脳をフル回転させます。ああでもない、こうでもないと脳内の知識の出し入れをします。

　答えが出なくても正解です。アプローチをすることこそが好奇心を育成する上で大切なのです。答えが出ないことも正解であることをしっかり伝える必要があります。予測に反した後、仮説を立てさせます。その仮説の実証実験ができるとよりよいと思います。やはりここでも好奇心・探究心を大切にしている大人の協同が大切になってきます。実験教室の先生などと仲良くなってもよいかもしれません。

▶ 4. まとめ

　これらを繰り返し行うことで好奇心の歯車が一つ一つしっかり回り始めます。

　常に問題意識を持ちながら好奇心の発動訓練をしていくことで、未知のことをもっと知りたいという高次な欲求である好奇心を育成することができると考えます。

　リケジョに限らず、知的好奇心の強い人が大人になってから自分のやりたい職業や仕事に就いているように思います。ワクワクドキドキから来る探究心の原動力を培うために、好奇心の訓練をしてみてはいかがでしょうか。

博物館・美術館・水族館・映画館で体験経験値を

満森圭（青木学院：神奈川県）

▶1. 抽象を学校で、具体を学校外で

　全ての学習に共通している思考のひとつに「抽象と具体」の関係があります。どの教科であっても、具体例をたくさん知ってから抽象化した思考に結びつけて、さらなる具体を理解していきます。抽象については、学校の教科書を通じた指導でたくさんの知識を手に入れます。

　しかしその抽象が具体とどう結びついているかを体験する機会は、学校だけで十分とは言い難いです。時間と空間の制約があるからです。そこを補う機会は学校外に求めましょう。日常生活の中にある様々な物事＝具体が、教科書に記述されている事柄＝抽象と結びついていることを確かめていけば、より一層学習が進みやすく、また楽しくなります。日常生活の中でも脳に刺激を与えていくことで、「自学力」が磨かれていきます。

　そのために活用してほしいのが「館」のつく施設です。「館」がつく施設にあるのは、世界の一部を切り取ってきたもの、すなわち**具体例の宝庫**です。具体例が意図や秩序をもって集められたものですから、抽象化する際に手助けとなりやすいです。もちろん、日常生活でも具体例の収集は可能ですし、ぜひ実践してほしいです。その上で、効率よく効果的に具体例をインストールできる「館」を活用してもらいたいのです。

▶ 2. 図書館・博物館・美術館・水族館・動物園

（1）図書館

　まず利用しやすいのが図書館です。図書館にある書籍は、どちらかといえば抽象のインストールのためのものです。しかし、国語の教科書で一部だけ学んだ小説や論説に関連して、別の論説も読めます。また、同じ作家の別の作品や、同じテーマを扱った別の論説も読めます。そうやってジワジワと知識を広めて具体例を少しずつ手に入れます。もちろん図鑑もおすすめです。自宅では図鑑の量も限界があります。そこを補えるのは、やはり公共施設です。

（2）博物館・美術館

　次いで利用しやすいのが博物館や美術館でしょう。博物館法で対象とされている博物館は、美術館・水族館・動物園を含むものです。平成30年時点で国内には館長と学芸委員が置かれる登録博物館が914、それに準ずる博物館相当施設と類似施設を含めれば5738、都道府県あたり120以上の博物館があるのです。これらの施設を活用しない手はないでしょう。

　博物館や美術館が素晴らしい点の一つは、特定のテーマに絞った「**企画展示**」を実施してくれることです。通常の展示は量も多く一度に把握するのが大変ですし、一部の特化した博物館を除けばテーマもバラバラです。しかし企画展示は特定の時代や人物・内容にスポットライトを当てて構成されます。展示スペースも広すぎず、分量も程よくじっくり見て回れます。何より自分の興味の持てる内容とピッタリ重なれば、博物館初心者でも安心して訪問できます。学芸員などが展示解説員としてガイドをしてくださるケースであれば尚良しです。解説員に質問して、ぜひどんどん知識を深めていきましょう。企画展示については近隣の博物館などの公式サイトをブックマークしておき、告知をマメに確認しておきましょう。

その上で、やはり**常設展示**も堪能しましょう。書店で本を買うときに思わぬ出合いがあるように、博物館も常設展示で見た思わぬ展示物が心に残っていることで、後日の学習の際に「ああ、あのときのあれか！」と思うことがあります。また逆に、教科書で読んだ何かと展示物とが出合ったときに「あれはこんなものだったのか！」と思うことがあります。狙って抽象と具体をすり合わせにいくのもよいですが、ぜひ常連となって偶然の出合いも体験してもらいたいです。

（3）水族館・動物園

また、「館」巡り入門編として利用してもらいたいのが水族館・動物園です。動物園は「館」がつきませんが、先述の通り博物館の一種として扱われるものです。水族館・動物園は博物館・美術館に比べて会話がしやすい環境で場内を巡回することができますから、学齢が低い児童の皆さんを連れていくにはうってつけです。まずは屋外の多い動物園、そして水族館と慣れていってもらいましょう。

動物園も水族館も、理科の教科書で見た動物や魚を肉眼で確認できる最高の場所です。教科書やディスプレイではわからない実際の動きや生態、サイズ感などが体験できる機会は貴重です。時間帯によっては餌やりコーナーや生き物と触れ合えるコーナーが実施されることもありますから、事前にスケジュール確認をして見逃さないように回りましょう。

また、最近の「館」ではスマートフォンを利用できる企画を行っている場合があります。アクアワールド茨城県大洗水族館では「LINNÉ LENS（リンネレンズ）」というアプリが無料で利用できます。このアプリとスマホのカメラで水槽内の魚を捉えると、その魚の名前・分類・解説を即座に画面に表示してくれます。魚類図鑑を持ち歩いて水族館を回れるようなものです。カメラで捉

えたデータは自宅で確認できますから、復習にもピッタリです。このような活用ができれば、スマホも悪くないですね。

▶3. 人生を広げる映画館

　実のところ、無類の「館」好きである私が一番接している「館」は「映画館」です。映画はじゃあ何の具体例なのか？といえば、人生です。私たちは自分の人生を一度だけ生きていきます。その自分が**選ばなかった人生**が、２時間の銀幕の上に描かれます。その２時間を通して見た自分以外の人生＝世界の中に、自分を見いだすことができるのが映画です。様々な人生を自分の中に蓄えることで、自分が何者であるかを考えられるようになれば、そこからこれまでとは違った学びができるようになります。世界と他者を知り、己を知ることで自立した個となり、自立した個として学ぶことで自学の道は広がっていくのです。

　そんな人生の具体例を学べる映画ですが、とりわけ映画館で見てほしい理由が一つあります。それは「映画館の映画は止まらない」ということです。ご家庭でネット配信やブルーレイの映画を再生しているときには自在に一時停止や巻き戻しができます。もちろん便利な機能ですが、それは鑑賞の力をいくつかの意味で減少させてしまいます。例えば映画を２時間鑑賞するときには、序盤で何が起きたかを覚えておく必要があります。それは登場人物であり、セリフであり、状況であり、イベントです。それを覚えておかなければ、後半に起きる出来事や演出の面白さを味わうことができません。「今の場面って何なんだろう？」「このセリフって何だっけ？」と思っても、一時停止して考えることも巻き戻して確認することもできません。これがネットの動画や家のテレビならいつでもできます。ですから楽に、言い換えれば脳を使わずに見られます。これができない分、鑑賞中は２時間集中して脳を使い続ける力を育てられるのが映画の持つ魅力の一つです。その意味でもぜひ、映画館に足を運んでください。

CHAPTER 4

自学力と学習法

高校生になるまでに 自学できる子に 育てるワザ

岡本充央（翠嵐高校合格専門　岡本塾：神奈川県）

こんにちは。横浜市で「翠嵐高校合格専門　岡本塾」の塾長をしている岡本と申します。この度は「高校生になるまでに自学できる子に育てるワザ」と題してお話をしていきます。お付き合い宜しくお願いいたします。

▶1. 自己紹介

でははじめに、私岡本の紹介からさせていただきます。

岡本塾塾長岡本は、日頃は塾長及び現役の講師として日々小中学生の指導に当たっております。講師生活はかれこれ25年になりまして、今までに約2000名の生徒を指導してきました。「あ〜この子賢いな」と思う子から、「なかなか伸ばすのが大変だな」と思う子まで様々なタイプの生徒と接する中で、指導の様々な成功事例・失敗事例を積み重ねてきました。その経験から、自学ができる子はやはり強いという結論に達しました。そこで、今まで教えてきた生徒たちについて思うこと・見えてきたことなどをご紹介していきます。

▶2. 自学とは

では自学についてお話をはじめる前に、私岡本が思う「自学の定義」についてコメントしていきます。とは言ってもまあ、この自学というものは人によっ

て捉え方が違うんですよね。よって、あくまでも私岡本の考える自学、ということでお話ししていきます。

　私岡本の考える自学とは「自分で課題を見つけ、自分で取り組み、そして課題克服のための手段を複数持って、自分であれこれ考えられる状態になること」とします。

（1）自分で課題を見つける

　では私の自学の定義を細かく見ていきましょう。まずは「自分で課題を見つける」から。**自分は何ができて何ができないのかを客観的に見定める**ことが自学のスタートだと思います。この自分を客観的に見ることは、学力が上位の生徒は得意で、下位の生徒は苦手としています。上位の生徒ほど良い意味でネガティブなので、「自分はこの問題を本当に理解したのか？　わかった気になっているのではないか？」と自分に問いかけます。だからより正確に自分の弱点を見つけることができます。逆に、学力が下位の生徒は悪い意味でポジティブです。きちんと理解していないのに、「この問題はもうできるでしょ」となり、復習もしません。こうやって、自学の最初の段階から差がついてしまうのです。

（2）自分で取り組む

　次は「自分で取り組む」です。せっかく自分の穴（課題）を見つけたのに自分で穴を埋める作業ができない生徒も多く見られます。周りの大人があれこれ口出し手出ししてしまうからです。もちろん、自分の勉強の型ができあがっていない時期は周りの大人のお手伝いは必要ですが、そのお手伝いをずっと続けてしまう傾向が最近はよく見られます。弱点補強の手段を自分で考えていけるよう、過保護にならないよう徐々に干渉を緩めていきましょう。

（3）課題克服のための手段を複数持つ

　3つ目の「課題克服のための手段を複数持つ」について。これも最初はもちろん、親や先生など周りの大人に聞くという手段で構いません。しかし、聞い

てばかりだと、「わからなければ聞けば良い」という思考停止状態になってしまいます。最悪の場合、「考えることが面倒だから質問する」という状態にまでなります。小学校低学年くらいまでのいわゆる「なんでなんで？」の質問攻めの時期を越えたら、徐々に自分で調べていけるように持っていってください。この自分で調べるという作業も、まずは保護者の方と一緒にやってみてください。ただし、大人が知ってほしい調べ事に無理に誘導するのではなく、まずは子どもが好きな事柄を検索させてあげてくださいね。それこそ漫画やアニメ関連のことでも構いません。**まずは調べるということに抵抗感をなくすことが大事ですので。**また、ネット検索の手段の用意はもちろんしていただくとして、辞書などもすぐに引けるようリビングに置いておいてください。また、日本地図や世界地図なども至る所に貼っておいてください。ちなみに地図はテレビのすぐ隣に貼ることをお勧めします。テレビで地名が出てきたら直ぐに調べられますので。

（4）自分であれこれ考えられる状態になる

最後に４つ目の「自分であれこれ考えられる状態になる」です。このあれこれ考えるというのは結論が出なくても構いません。また、正解にたどり着く必要もありません。自分の能力の範囲で考えられれば大丈夫です。思考停止にならずに考えの道筋をできる範囲で辿っていければ問題ありません。できるだけ頑張った後で指導者に助言を求めれば良いのです。もちろん、どういった結論になっても、結論が出たことについてほめてあげてくださいね。

▶3. 年齢別・自学力養成のワザ

次に、時期に応じた自学を養成する具体的なワザについてお話ししていきたいと思います。

（1）幼少期

❶好きなことを好きなだけさせる

　幼少期はとにかく「好きなことを好きなだけさせる」に限ります。子どもが一人で集中して遊びに取り組んでいる時は声掛けしないでいくらでもやらせてください。例えば子どもが積み木や塗り絵に夢中になって取り組んでいたとしましょう。そんな時に食事の時間になったとしてもやめさせないでください。積み木や塗り絵に飽きてやめるまでそうっとしておいてください。もっといえば就寝時間になっても飽きるまでやらせてください。そうすることで今後自学ができるようになる集中力が身につきます。

❷手先を動かす遊び

　また、手先を動かす遊びをやらせてください。両手を使って遊ぶことで右脳と左脳の両方を活性化させましょう。先ほどの積み木もそうですし、レゴなども良いですね。お子さんが楽しく遊べるものであればそちらを優先させてください。最近はショッピングモールに時間制で様々な遊具で遊べる施設もあるので、そこで我が子がどんな遊具やオモチャに興味があるのか見定めてから実際にお家で購入するものを決めるのも良いかと思います。

（2）小学校低・中学年

❶具体的なもの

　授業というものが本格的にはじまり、勉強させなきゃ！と思うようになるかと思いますが、焦ってはいけません。確かに漢字練習や計算練習などの基礎的なトレーニングはもちろん必要ですが、この時期はとにかく具体的なものにたくさん触れさせてください。

❷数的処理

　では具体的なものについてお話ししていきます。まずは数的処理から。この時期は**数のイメージを具体的にきちんとつけさせて**ください。最初はビー玉や小銭などを使って遊び、1，2、3……といった数字を目に見える形で見せてく

ださい。

　その後、補数について理解できるように持っていってください。補数とは簡単に言いますと足すと 10 になる数のことです。例えば 2 の補数は 8 、 4 の補数は 6 といった具合です。そろばんの玉みたいなオモチャで補数を学べるものがありますのでその辺りから入ってみてはいかがでしょうか。また、小銭で補数の勉強をしてもいいですね。例えば、「今 20 円ありますが、あと何円あれば 100 円になりますか？」といった問題を実際の小銭を使って考えさせてみてください。これは実は補数の学びだけではなく、十進数の勉強にもなります。十進数もきちんと目に見えるように学べると数的処理が飛躍的に伸びます。また、お金関係の話ですが、最近の子どもは昔に比べるとお金に触れる機会が減っています。キャッシュレス決済が普及してきたからです。大人の買い物を目にする時も現金を見なくなりつつあります。子どもに積極的に現金を使う姿を見せるようにしてください。

❸図形

　次に図形の概念を身につけていきましょう。昔は『小学○年生』といった雑誌があり、そこに紙で何かを工作するものが付録としてあったのですが、今は廃刊となり『小学一年生』しか手に入りません。ですから、それに類するものをお子さんにやらせてみてください。最近はそういった本も売っていますのでそちらを購入されても良いですし、他にも例えばプラモデルなんて良いですね。工作と図形の素養の両方を身につけることができます。またレゴも幼少期に引き続きお勧めします。幼少期よりもより複雑な作品を作れるようになりますので。

❹言語能力

　算数的能力の他にも言語能力も磨いていきましょう。よし、では読書をさせよう！とお思いの方もいらっしゃると思います。確かに良質な本を読ませるこ

とも大切です。しかし、これも大人の都合で名作といわれる本を読ませようとしても上手くいかないことがあります。まずは**お子さんが興味を持った本**から読ませてください。物語でも構いませんし、図鑑でも構いません。なんなら漫画でも構いません。まずは好きなものを好きなだけ読ませることが大切です。

　また、言語能力を高めるのは読書だけではありません。**言語能力を一番高められるのは家族との会話**です。だからといってただ漫然と話すだけではだめです。大人が使うような言葉を所々に入れて「今言った○○って言葉の意味わかる？」といった質問をしてください。当然わからないことが多いでしょうから、意味の説明をして具体的な用例も含めて教えてあげてください。**子どもだからといって易しい言葉を使う必要はありません。**

❺お出かけ

　他にも具体的な経験をさせてください。一番良いのはやはり家族でのお出かけですね。普段の週末は公園などに出かけて動植物などを見に行ってください。今は時代が便利になって、スマホのカメラで植物を撮ると品種を教えてくれるアプリなんてのもありますので楽しいですよ。

　また自然観察以外でも、例えば東京タワーを見た時に「東京タワーって何のために作ったと思う？」など質問してみてください。普段お出かけするようなところでも学びはたくさんあります。博物館・美術館なども良いですね（P.122もご参照ください）。

　また家族旅行もきちんと意図を持って行き先を決めてください。ここでひとつまた例を。昔教えていた生徒の家族旅行がまさに明確な意図を持っていたので少しご紹介します。ある年、その生徒の家の旅行は「黒部ダム」と「奥入瀬渓流」でした。理科的にも社会的にも多くの学びがある観光地です。観光ガイドと共に理科や社会の教科書も見ていただき、旅行先を選定されてみてはいかがでしょうか。

（3）小学校高学年

さて、いよいよ本格的な勉強がはじまる小学校高学年の話に移ります。

❶抽象化

小学校高学年から勉強内容が抽象的になります。この時期までに具体的な経験を多くしておくことで物事を抽象化できるようになります。この具体を抽象化することが自学できるようになるために必要なことなのです。この時期になって具体的な経験が少ないと抽象化がなかなか難しくなります。

❷まずは簡単なことから

さて、この具体的なものを抽象化する作業もご家庭が積極的に関わってください。とは言ってもいきなりは大変でしょうから、簡単なものから少しずつですね。例えば「猫・犬・馬・象、まとめると何?」といった感じのものからはじめてください。そういったものから抽象化というものが何なのかを理解させていってください。また、その逆もやってみましょう。動物ってどんなものを思い出す?といった具合です。家族でクイズ形式でやって盛り上がってみてはいかがでしょうか。

❸感情の抽象化

そうやって最初は簡単な抽象化からはじめて徐々にレベルアップしていきましょう。レベルアップした際に特に重視していただきたいのは「感情」に関する言葉です。「嬉しい」「悲しい」などといった単純な感情から、「感銘する」「虚しい」といった非常に抽象度の高い言葉まで意味を理解できるようにしていってください。こういった言葉に触れる機会はご家庭以外ではなかなかないはずです。ではご家庭でどういった機会に触れられるかというと、テレビを見ている時になります。バラエティー番組でもドラマでも映画でも構いません。登場人物の心が大きく動いた時の気持ちを言葉で説明してあげてください。

❹算数の抽象化

このように特に国語では抽象語が出てくるようになり、勉強の抽象化が進みますが、他の教科でも同様のことが言えます。算数では割合と分数が抽象化の代表格でしょう。割合は1あたりの量という概念が入ってきて、今までの具体的な数字を追っていく勉強と異なっていきます。そこで大事になってくるのが小学校低学年で身につけた**具体的な数字の感覚**なのです。

❺理科・社会の抽象化

国語や算数以外でも、理科も社会も抽象的な勉強になっていきますが、これも小学校低学年で具体的に経験を多く積んでいれば、「あのことをまとめただけね」といった理解ができ勉強が進みます。また、理科では生殖について、社会では仕事についてなど、大人の世界についても学ぶことになります。ご家庭におかれましても、お子さんをいつまでも子ども扱いせず、少しずつ大人の世界を見せてあげるようにしてください。

❻英語

さらに小5から英語の学習も本格的にはじまりますが、会話程度で終わらせるのではなく、文法をしっかり理解しつつ、英単語をコツコツ覚えていきましょう。目安として英検5級から4級程度の単語力は欲しいところです。書店に英検の単語集が売っていますので、お子さんが覚え込めるようサポートをお願いいたします。

（4）中学生

そして最後は集大成の中学生のお話に入ります。

❶集中力と抽象化力

この時期は、幼少期や小学校時代に培ってきた**集中力**と**抽象化力**を応用していくことになります。逆に中学生になるまでに集中力と抽象化力が備わっていないと、自学なんて夢のまた夢になってしまいますのでご注意ください。

❷目標は自学

　さて、中学生の勉強の目標の一つはもちろん「高校入試での合格」ではありますが、別の目標も持ってください。それは「高校できちんと自分で勉強できること」です。この「きちんと自分で勉強できること」というのは「自学ができること」と同義です。高校の勉強は中学の勉強とは桁違いの量と難易度になります。その量と難易度についていくためには中学生のうちに**自学の型**が身についていないといけません。それなのに勉強について周りの大人にあれこれ指図されたりしてやっていくと、高校生になって自分で考えて動けなくなります。ただの受け身で勉強するだけではなく、自力で学べるようになっていきましょう。

❸英語

　では科目ごとに具体的に学習の手順を追っていきましょう。まずは英語。英語はとにかく学校の教科書を大切に。2021 年から英語の教科書が大幅に改定され質量ともにかなりパワーアップしました。学校の教科書をきちんと理解・暗記すれば英語の実力が相当つきます。まずは教科書の単語と文章がきちんと発音できるようになることから始めてください。2021 年の教科書から QR コードが標準装備されましたので、スマホやタブレットで読み込んで何十回も聞いてください。

　次に単語と文章の和訳ができるようにしましょう。これは教科書ガイドを使ってみるといいでしょう（最近では学校の授業内で和訳をしてくれないので…）。次にその和訳を元に日本文を英文に訳していきます。この流れがきちんとできさえすれば、間違いなく英語はできるようになります。辛い作業にはなりますが必ず成果が出ますので頑張ってください。

❹数学

　次に数学の話に移ります。計算の反復練習は必要ですが、高校進学後に向け

て図形と確率の問題は特に重点的にお願いします。しかし、特に図形は中3の最後にならないと三平方の定理含め全ての知識が得られないので、演習時間を取るのがなかなか難しいです。学校の進度より早めに予習しておくことをお勧めします。

さて、数学こそ自学を試される科目です。解答までの道のりをじっくり考え、解説で振り返る時も他の解法があるのかどうか色々考えてみてください。そういった思考が高校進学後に花開きます。

❺国語

摑みどころがないという印象を多くの方が持つと思いますが、国語こそ論理的に物事を考える科目です。数学同様、解答までの道筋をきちんと立てていきましょう。また漢字や語彙や文法といった知識も必須です。こういった知識が曖昧なまま高校に進学すると「わからない」が続出して高校での自学ができなくなります。

❻理科

次に理科の話です。理科は小学校の時以上に「なんでそうなるの？」といった原理原則を大事にしていきましょう。中学校の理科にはよく公式が登場しますが、それを丸暗記することは危険です。その公式になる原理原則がわかった上での暗記をお願いします。理科の公式の大部分は小学校の時に学んだ割合がベースになります（もっと言うと高校の理科の公式も同じです）。ですから、中学になっても割合の理解が曖昧だと困ります。小学生のうちにしっかり理解し、演習を繰り返してください。

❼社会

最後に社会です。社会も「なんで？」を大切にしていってください。地理にしても歴史にしても公民にしても「なんでそうなるのか」という理由の背後には合理的な人の営みがあるのです（人間は時に合理的に動くことができない生

き物ではありますが）。地理の「なんでその地域でその作物が栽培されている
のか」、歴史の「なんでその時代にそんな事件が起こったのか」、公民の「なん
でそんな社会システムになっているのか」など全ての疑問に理由があります。
理由がわかれば理解が広がります。また、特に理科と社会で言えることですが、
資料集を穴が開くほど読んでください。知識や理解に広がりが出ます。

（5）自学と習慣化

❶自学の大切さ

　さて、このように幼少期から中学生になるまでの勉強について様々な具体的
なワザをご紹介してきましたが、これらをすることで何が得られるかというと、
先ほどもお話しした通り「高校生になって自学ができる」ようになります。私
岡本の25年、約2000名の生徒指導をしてきた経験上、大部分の生徒が高校の
勉強で行き詰まります。この行き詰まる原因で大きいのは「自学ができない」
ことです。小中学校で親や塾の先生などに手取り足取り勉強を見てもらってき
た子が高校生になってそのサポートが減り、何をしてよいのかわからなくなる
のです。そういった指導を受けてきた子は高校入試がゴールになってしまいま
す。しかし、**勉強は高校あるいはその先までずっと**続きます。しかも試験の過
去問や対策の問題集などといったものは減っていきます。そこで大事になって
くるのは自学なのです。「自分で課題を見つけ、自分で取り組み、そして課題
克服のための手段を複数持って、自分であれこれ考えられる状態になること」
ができれば、大人になっても勉強をし続けることができます。

❷やる気と習慣化

　さて、ここまで自学自学と言ってきましたが、ここまでのことをきちんと順
を追ってやったら簡単に自学ができるかというと、それはそれでなかなか難し
いものです。そこで心がけていただきたいのは「**やる気に頼るな**」ということ
です。「やる気になってからやる」のではいけません。少しでもやり続け、習

慣化されるとやる気が出てきます。つまり、やる気に左右されずに勉強を習慣づけていく、これも自学をする上で大事です。

（6）まとめ

では今までお話ししたことをまとめていきます。

1. 幼少期はとにかく自由に好きなことをさせてください。そうすることで今後の学びに必要な集中力が身につきます。

2. 小学校低学年は具体的な経験を多くさせてください。家の中でも外出先でも旅行先でも学びの場はたくさんあります。親が意識して様々な「なんで？」を提供してください。

3. 小学校高学年は小学校低学年で学んだ様々な具体的なものを紐づけて抽象化させていきます。その抽象化のお手伝いは親が積極的にしていってください。

4. 中学生になったら徐々に自分で勉強できるようにしていきましょう。計画を自分で立てて、成功や失敗の経験値を積み重ねていってください。過干渉は禁物です。

▶ 4．最後に

さて、最後に一言。やはり自学ができる子は様々なことに興味関心があります。そういった興味関心を引き出す最大の仕掛け人は、やはり親です。どれだけ多くの時間を使ってお子さんの頭を掘り起こすのかが大事になります。ただし、子ども相手ですから単調になっても飽きてしまうのでだめです。様々なアプローチを仕掛けてお子さんに刺激を与えていって、とことんお子さんと向き合ってください。

それではこの辺りで失礼いたします。お付き合いくださいましてありがとうございます。

早めに構築すべき
科目別・自学力のベース
【数学編】

小﨑高寛（進学塾サンライズ：岡山県）

▶1. 数学に必要な自学力とは

（1）なぜ「勉強法」を実践しても成績は上がらないのか

「計算問題は問題なく解けるのに、文章題や図形問題は苦手だ」という生徒は
いませんか。あるいは「基本問題は解けるのに、応用問題が解けない」「学校
の定期考査の点数は良いのに、入試の過去問となると解けない」という生徒も
いるのではないでしょうか。また、子どもを持つ親御さんの中には、「小学校
の算数や中学校の数学は得意だったのに、高校の数学になった途端にわからな
くなったようだ」という方も多いでしょう。

　数学が苦手な生徒は、「具体的にどのように勉強すればよいのかがわからな
い」と言います。一方、勉強法に関する情報は書籍やインターネット上にあふ
れています。どの勉強法を試してみてもうまくいかなかったり、塾に通ってみ
てもなかなか成績が上がらなかったりするのはなぜでしょうか。難関校に進学
するために、難しい問題を大量に演習するだけで数学が克服できるようになる
のでしょうか。

　確かに勉強方法を試して、成績が向上する場合もあります。しかし、中には
どんなにやり方を変えてみても効果が出ない生徒もいます。一番良いのは、何
度も同じ問題を練習しなくても成績が上がり、指導要領の改訂に左右されず、

応用問題が解けることではないでしょうか。

　多くの場合、数学は能力の問題ではなく、**数学の概念をどれだけ理解したか**が重要になります。ということは、その概念をどのように理解するのかがわかればよいわけです。

　しかし、概念の理解といっても何をどう理解すれば良いのかがわからず、誰も教えてくれません。自分では教科書や解説などをよく読んで理解しているつもりで、しかも教わったことを忠実にやっているにも関わらず、現実には成績が上がらない。「テキストを３回解きなさい」「１日１時間勉強しなさい」「解説をよく読みなさい」とは言っても、肝心の「数学の概念の理解」について具体的に説明されたものはほとんどありません。それは、勉強法通りにきちんと学べば概念は身につき、理解できているということが前提にあるからです。かけ算の計算ができないと面積を求めることができないように、中学校の勉強を理解するには、小学校の内容を理解しているということが前提になります。それに気づかないままに勉強の手順だけを真似ても効果が出ないのです。

（２）数学こそ自学で伸ばす科目

　当塾の数学の授業は一斉指導です。一斉指導とは、何人もの生徒を相手に、学校の先生のように黒板を用いて説明するといった指導です。一斉指導では、教科書の内容をわかりやすく説明することで子どもたちの負担を減らすことができます。しかしながら、個々の理解度の差が出やすかったり、授業に参加しただけで「勉強した」と満足してしまう子も出てきたりします。さらには疲れて居眠りなどをしてしまえば、せっかくの授業が意味のないものになってしまいます。また、一方的にわかりやすく説明すればするほど、子どもの考える機会を奪うことになってしまいます。

　そこで、当塾で一斉授業よりも多くの時間を割いているのが、演習授業です。

基本事項の理解や応用問題を解くなどして、自分自身で数学を学び理解するための時間です。**自学は教科書の内容把握から始まり、問題を解くことで理解度を深めていくものです。**

　勉強とは、脳に情報を入れるプロセス（インプット）と脳から情報を引き出すプロセス（アウトプット）の両方を繰り返すことで学習したことを理解し、脳内で記憶を定着させていくことです。授業を聞く・教科書を読むといったことはインプットであり、問題を解く・説明をするといったことなどはアウトプットになります。一斉授業だけでなく、宿題や演習などで問題を解いていく必要があるのはそのためです。

　当塾の演習授業が多いのは、自らインプット・アウトプットをバランスよくできるようにするだけでなく、概念理解についても自分の力でできるようにすることで、塾だけでなく家庭でも勉強効果を上げるようにするためです。「どのようにしたら解けるだろうか」「なぜそのようになるのか」などと論理的に考える機会は自学でないと得られないのです。

▶2. 数学は暗記科目ではない

（1）根強い「数学は暗記だ !!」教信者

「数学には暗記が必要不可欠だ」という人がいます。東大生や数学の先生の中にもそのように言われる方がいます。この言葉だけをとらえて「数学は暗記で全て解ける」とか「数学はとにかく解き方を覚えたら OK」などとすり替えてしまってはいないでしょうか。その方々の話をよく聞けば、「数学は暗記だけで解けるもの」だとは言っていないはずです。

　また、速さの求め方を「ミ・ハ・ジ」（道のり・速さ・時間）や「ハ・ジ・キ」（速さ・時間・距離）などと教えたり、割合について「ク・モ・ワ」（比べる量・もとにする量・割合）と教えていたりする人がいますが、果たしてそれで論理

的思考力が養えるでしょうか。

　学生時代にそのように教わったからなのかもしれませんが、数学を教える立場にある者が、概念を十分に説明することなく、ただ単に公式を丸暗記すればよいと受け止められるような指導をしてはいけないと思います。目の前のテストの点数は上がっても、本質がわからないままの生徒も出てくるからです。そういう生徒は「習っていないから解けない」「解き方を最初から最後まで教えてほしい」と安易に答えを求めるインスタントな考えを持つことになりかねません。もしそれが日常的に行われていれば応用問題に対処できませんし、時間をかけて勉強しても効果が出にくくなるのは当然です。

（2）パターン別学習法の限界

　公式の暗記以外にも、多くの問題を解くことでパターン化して覚えてしまおうという勉強方法があります。問題をパターン化すれば勉強量を絞れますし、基本的な問題であればパターンの数はそれほど多くありません。しかし、難関校を目指す場合は違います。難関校の入試問題は多くの子が解ける典型パターンの問題をほとんど出題しません。そのため、難問を集めた対策問題集などはパターン別になっていません。

　ここにパターン別学習法の限界があるのです。

　確かに、パターン別学習で解ける問題はあります。しかし、過去にやったことのある問題の解法をそのまま当てはめることができない場合もあるのです。パターン別に勉強するだけでなく、「あ、この問題は同じではないけれど似たようなパターンをやったことがあるな」と過去に解いた問題を参考にして解く力が必要なのです。

「それくらいできるでしょ」と思われるかもしれませんが、それがうまくできない生徒が一定数存在するのです。

では、大量演習を重ねればいずれ理解できるようになると考える人もいますが、果たして本当なのでしょうか。結論から言うと、生徒によります。意味も理解できないまま解いている生徒がいれば、いつまで経ってもわからないでしょう。そしてまた問題をたくさん解かないと理解できないというのも非効率です。

（3）暗記型と理解型

　公式やパターンなどを丸暗記してしまう暗記型の学習の場合、やったことのある問題は解けるのに、それ以外は解けないケースが多いのです。

　一方、定義や定理から理解し、「なぜそうなるのか」を納得しながら進める**理解型の学習は解いたことのない問題に対しても解法を応用し解くことができる**のです。具体例をあげます。

❶具体例 1

　問「$\sqrt{5}$ の小数部分を求めよ。」

1. 暗記型の場合

　$\sqrt{5}$ = 2.2360679…（ふじさんろくおうむなく）であるから、整数部分を引いて、$\sqrt{5}$ － 2 である。

　語呂で覚えていれば答えを求めることができますが、それ以外のものについてはできないということになります。

2. 理解型の場合

　$2 < \sqrt{5} < 3$ であるから、$\sqrt{5}$ － 2 である。

　語呂で覚えていなくても、$2^2 < 5 < 3^2$ であることから導くことができます。

根号の中がどんな数でも答えることができる、つまり応用が可能です。答えは暗記型でも求められますが、理解型であれば以下のような応用問題も解くことができます。

❷具体例2

問「$\sqrt{10}-\sqrt{2}$ の小数部分を求めよ。」

1. 暗記型の場合
$\sqrt{10}$ と $\sqrt{2}$ 両方の概数の語呂を覚えていなければ解けません。

2. 理解型の場合
以下のように解くことができます。

$(\sqrt{10}-\sqrt{2})^2=12-\sqrt{80}$

$8<\sqrt{80}<9$ より $-9<-\sqrt{80}<-8$ だから

$3<12-\sqrt{80}<4$

$1^2<3<(\sqrt{10}-\sqrt{2})^2<2^2$

$1<\sqrt{10}-\sqrt{2}<2$

よって、小数部分は $\sqrt{10}-\sqrt{2}-1$

このように、典型的なパターンから様々な問題に応用することができるのは、暗記型ではなく理解型であると言えます。

▶3. 数学における自学力のベース
（1）定義と定理
❶定義をスラスラと説明せよ

　概念を理解する上で欠かせないのが定義です。なぜなら、定義とは概念を言語によって規定したもの、言い換えると、数学用語の意味を言葉で説明したものだからです。例えば、二等辺三角形とは「2辺の長さが等しい三角形」のことです。このように、概念の規定ですので簡潔かつ明確に表現しなければなりません。また、例えば素数とは「約数が1とその数自身のみである自然数」のことですが、これを「1とその数自身でしか割り切れない自然数」あるいは「約数を2つもつ自然数」などと言い換えることもできます。結局は同じことなのですが、言葉を換えることでより深く概念を理解できることにつながります。定義を理解できたら、あとは用語一つ一つを説明できるようになることが必要です。なお、二等辺三角形において「2つの底角は等しい」「頂角の二等分線は底辺を垂直に二等分する」などの特徴は図形の定義以外の特徴であり、性質と呼ばれます。これらも同様に説明・証明ができるとよいです。

　定義を用いて解くことのできるものとして「速さ」があります。「速さとは何か」と問われて、多くの子が「距離÷時間」と答えますが、それは求め方です。しっかりと定義を理解できていないから、速さがわからなくなるのです。

　一度正しく言えたとしても、本当にわかっていない人は再び間違った認識に戻る場合が多いです。しばらく経ってからもう一度確認してみるとよいでしょう（弊塾では、いわゆる「ハ・ジ・キ」や「ミ・ハ・ジ」などの公式暗記のための無駄な知識は指導していません）。

速さとは、単位時間あたりに進む（平均の）距離のことです。単位時間とは、ここでは１時間・１分・１秒のことであり、それぞれ時速・分速・秒速と呼びます。つまり、

　　時速……１時間あたりに進むことのできる距離

　　分速……１分あたりに進むことのできる距離

　　秒速……１秒あたりに進むことのできる距離

のことです。

　これが理解できると（経験上、小４以上であればほとんどの子がここまでは理解できますが）次のような問題が「ハ・ジ・キ」なしで答えることができます。

問「３分間に 240 m 進んだ場合の速さを求めなさい。」

　前述のことを理解できていれば、この問題で「分速＝１分あたりに進むことのできる距離」という知識を使って解くことができます。つまり、この問題を「３分で 240 m 進むということは、１分あたりにどれだけの距離を進んだのか」と読み替えることができ、240 ÷ 3 と計算できるはずです。

　その一方で、答えられないという子もいるかもしれませんが、答えられないからといって、速さが苦手であると決めつけてはいけません。この場合、なぜ割り算で計算するのかが理解できていないケースがあるからです。「え？　割り算くらいわかるでしょ？」と思われるかもしれませんが、理解しているのが当たり前だと誤解していると、本当につまずいている箇所に気づかないことがあるのです。

❷定理を素早く証明せよ

　よく定義と定理を混同する人がいますが、定理が定義と異なる点は「証明可能である」ということです。公式がそれに当てはまります。定義は言語で理解

するのに対して、定理はなぜそのようなことが言えるのかを、証明することで理解していきます。ところが数学でつまずく生徒は、定理を「問題を解くためだけに使う道具」程度にしか考えておらず、丸暗記して利用しています。

「計算はできるけど応用が解けない理由」はここにあります。勉強する際には公式や証明を読んで終わりにせず、納得できるまで考え、**自分で証明ができる**ようになることが重要です。

（2）忍耐力も必要

数学指導で最も難しいのが、「生徒自身が最後まで取り組めず、途中で諦めてしまう」ことです。すぐに答えを出せないとイライラしてしまう「インスタント」な子は、ああでもない、こうでもないと考えることを苦痛に感じてしまいます。当塾には幼児のクラスもあるのですが、幼い子がパズルに取り組んで、思うようにできないと怒ったり、泣き出したり、途中で考えるのをやめようとすることがあります。私たちは、忍耐力も重視して、「このプリントをすませたら終わりにしよう」「あと3問解いたら終わりにしよう」などと最後までやりきる習慣をつけさせています。そして、「わからない」「できない」を受け入れさせていき、なぜわからないのかを気づかせてあげます。できないことにイライラするよりも、できたときの達成感を持てるように「あと少し努力をしてみる」ことを意識させていきます。

（3）数量のイメージ化

数学が得意な生徒と苦手な生徒の違いは、文章題を解かせたときに大きく現れます。文章題は応用問題です。

ちなみに、ここで述べている応用問題とは、複数の基本事項を組み合わせて解く問題のことです。簡単に解くことのできる問題もふくまれるため、難易度

が高い問題を指すとは限りません。難＝応用、易＝基本ではないと考えてください。

基本と応用の関係を図式化するとこんな感じになります。

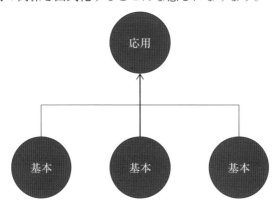

よく「数学は積み上げの科目」だと言われますが、基本一つ一つが理解できていることが前提で応用問題が解けるようになるのです。逆に、応用問題を解くことで、どの基本事項が十分に理解できていないかを把握することもできます。

さて、基本を固めるには、定義・定理はもちろんですが、他にも必要な力があります。それは、**数量をイメージで認識する力**です。線分図などを描いて数量を見える化するのも一つの例です。数学が苦手な生徒の中には、この数量のイメージ認識が弱い場合があります。例えば「長さ」や「体積」などの単位換算です。1ｍ＝100㎝というのはほとんどの生徒が知っていますが、そのとき、頭の中で数字を思い浮かべるのではなく、手を広げるなどして長さをイメージできるようになればよいでしょう。

以下、「面積」「体積」のイメージについて説明します。

❶面積

・1辺1mの正方形の面積が1㎡である。

・1m = 100cmである。

これらの知識を組み合わせると、

1㎡ = 100cm× 100cm = 10,000㎠と答えることができます。

また、これを使えば、例えば2.4㎡ = 24,000㎠などと答えることもできます。

1㎡ = 10,000㎠と丸暗記する必要がなく、計算で求めることができます。

❷体積

1L = 10dL は覚えていても、1L = 1,000㎤や1㎥ = 1,000,000㎤は忘れていて、何度も間違える生徒がいます。これらも面積の考え方と同様に考えれば、計算ですぐに導くことができます。また、面積や体積の大きさを具体的にイメージできることも大切です。例えば、1L = 100mL（100㎤）と間違えてしまう生徒は、実際の100mL の量と1L の量がイメージできていれば、異なる量であることはすぐに気づくはずです。

例として小学校の内容を取り上げましたが、中学生でもこれをきちんと理解できている生徒は決して多くはありません。ところが、きちんと理解できていなくても公式を丸暗記している生徒はテストでは点数が取れるので、本当の意味で理解できているかどうかがわからないのです。

しかし、テストをしなくても、本当に理解しているかどうかは日常の勉強からわかります。定義が説明できるかどうか、定理がなぜそうなるのかを説明できるかどうか確認してみてください。私も授業の中で生徒たちが理解できているかどうか確認しながら進めますが、ほんの1、2問質問するだけで理解できているかどうかわかります。苦手な子は1問も答えられません。

（4）「なぜそうなるのか」

　数学に限らず、学問を習得する上で知的好奇心は大切です。幼い子ほど「なんで？　なんで？」といろいろ聞きたがるものですが、年齢が上がるにつれて考えることを避け、疑問をあまり持たなくなる子どもが多いように思います。「なぜこの式が成立するのか」「なぜこの根拠から答えが導けるのか」「どのように工夫すればもっとわかりやすく説明できるか」「もっと簡単な計算方法はないだろうか」など、ドンドン考えることを習慣化させていくとよいでしょう。

▶ 4. 自学力を養う学習方法の具体例
（1）公式を丸暗記せず、まずは概念を徹底的に理解する

　教科書に書かれていることは基本であり、これが理解できないと応用はできません。学校で使用している教科書でもよいのですが、私がお薦めするのは『体系数学』（数研出版）です。学校で採用されている検定教科書では関連のある内容が学年で分かれていますが、この教材は学習指導要領にとらわれない体系的な学習が可能です。1〜5までありますが、中学3年間で1〜3までで十分です。

　ちなみに、『体系数学1』は中学1・2年生の内容が主で、『体系数学2』は中学3年生の内容、『体系数学3』は主に数Ⅰ・数Ⅱの内容となっています。教科書のように使える教材なので、初めて学習する場合には非常に使いやすいと思います。数学を学ぶ上で最も大切なのが理論や概念の理解です。わずかな知識で問題をひたすら解くのではなく、まずはどういった定義・定理があるのかを確認して、公式は自力で証明できるようにし、定義は口頭またはノートに書き出すなどして説明できるようにします。ここまでがきちんとできるようになってから練習問題を解きます。問題が解けない場合は例題を見直して解き方を理解します。安易に答えや解説を見て解こうとしないでください。

（2）答え合わせの仕方

多くの子どもは、正しい答え合わせを自分自身でできません。「間違えることは悪で、全部正解でなければいけない」という固定観念や学習意欲の低さなどが主な原因にあげられます。真面目に取り組んでいるつもりでも、成果につながらない答え合わせの仕方をしている生徒が多いのです。

❶原則、１問ずつ答え合わせをする

１問ずつ答え合わせをするのは手間がかかります。どうしても何問も解いてしまってからまとめて答え合わせをしたくなるものです。しかし、特にはじめて学習した内容については、「果たしてこれで合っているのだろうか」と**１問ずつ確認をしながら進めていきます。**間違っていれば、その場で確認と修正ができ、その後の問題で正解する確率が高くなります。面倒な方法のように思うかもしれませんが、10問解いてから答え合わせをして、それらが全て間違っていた場合結局一からやり直しになることを思えば、着実に理解し、解けば解くほど理解を深めることにつながるのです。ただしこのやり方は、「はじめて習う単元であるとき」「正解しているかどうか自分では確信がもてないとき」に行ってください。

すでに学習していて、十分理解できている問題はほとんど正解するでしょうから、その場合は１問ずつではなく、まとめて解いても大丈夫でしょう。

❷間違えた場合に答えを写さない

答えを写して勉強した気になってしまう生徒がいます。もちろんズルをしているという自覚はありません。でも、それだけでは「なぜその答えになるのか」までは考えていないことになります。答えだけでなく解説や途中式を示している教材が多いので、それらを見てどこから間違えているのかを見つけ、解決する必要があります。「なるほど、だから間違えていたのか！」と納得できるところまでやって、はじめて答え合わせをしたことになるのです。

❸消しゴムで間違えた答えを消さない

　子どもの多くは間違えることを「悪いこと」ととらえ、「良い子」でいるために間違いを隠そうとする傾向があります。答え合わせをして間違えた答えを消すという作業も、無意識とはいえそのように考えている可能性があります。間違えたことも非常に大切です。「失敗は成功のもと」とよく言われますが、間違えた答えから「どこで間違えたのか」「なぜ間違っているのか」を知ることで正答率が上がっていきます。失敗を恐れないように。

❹わからなかったときの対処方法

　どうしても解法が浮かばないときもあると思います。その場合は解説を見たり、先生に質問したりしましょう。当然ながら、解説をながめて終わりではありません。「なぜそのようになるのか」を常に意識しながら、納得できるまで疑問と向き合ってください。その後にもう一度自力で問題を解いてみましょう。

（3）「苦手」を放置しない

　数学は以前に学習した内容を理解しているという前提で進んでいきます。よくわからなかったところをそのまま放置してしまえばいずれ行き詰まり、問題を解いて理解するのに時間がかかるか、何度も復習しなければいけない羽目になります。**定義・定理を理解するのは面倒だと感じるかもしれませんが、実は最短の勉強方法**です。できればあまり時間をかけずに数学を理解したいと思うならば、理解不十分なまま先に進まないようにしましょう。

（4）数学のまとめ学習について

　勉強した内容をノートにきれいに整理することが大好きな人がいますが、教科書の重要事項をそのままノートに写すことはお勧めできません。完成したノートを見て自己満足で終わってしまい、肝心の内容がほとんど頭に残ってい

ないことがあります。インプットとアウトプットの関係でいうと、「まとめノート」はアウトプットの作業になります。つまり、頭の中にある情報を上手に書き出してまとめることができれば、まとめノートとしての効果は十分あります。

▶ 5. 数学の自学力養成に大切なこと

（1）順位や偏差値にこだわらない

中学生になると、学校の定期考査や塾の模擬試験などで順位や偏差値が出ます。現時点の理解度を測ることを目的に行うわけですが、それだけではありません。自分なりに一生懸命勉強してきたにもかかわらず間違えた問題があったわけですから、どこで間違えたのかという情報こそ重要です。自分の弱点が何なのかを知ることができ、今後の勉強方法の見直しのきっかけにもなります。

ところが多くの人は、本来の目的とは異なる見方をしています。テストの点数よりも偏差値や順位を気にします。

公立中学校の定期考査や多くの模擬試験のレベルは全国どこでも標準的な難易度であり、さほど難しいものではありません。一方、高校では学校や模擬試験によって難易度は様々です。

たとえ中学校で偏差値が高いからといって、高校でも同じような数値になるとは限りません。 中学では偏差値が70近い生徒が高校になってから大きく成績を下げることも珍しくありません。模試やテストの点数で一喜一憂しているようでは、悪い結果が続くとモチベーションが下がってしまうことにつながりかねません。

（2）勉強法やアドバイスを参考にする際の注意点

人は「○○さえすれば△△になれる！」という言葉に弱いものです。困ったときにはすぐに、簡単に今の問題を解決できる方法を欲しがります。多くの場

合は「テストの点数が上がること」でしょう。手っ取り早く数学の点数が上がる方法を求めて「数学の勉強法」に関する情報をかき集め、「具体的に何をすればよいのですか？」と手段ばかりを求めてしまいます。でも、テストの点数が上がることが最終目的ではないはずです。ダイエットのように、1ヶ月で結果が出ても半年後には元に戻るようなことでは意味がなく、実践した人が必ずしも全員うまくいくかというとそうではありません。

　大切なのは勉強方法だけを真似るのではなく、数学を学ぶということがどういうことなのかを理解し、その上で**「なぜそうなるのか」と考えていく姿勢**です。これがあれば、教科書1冊でも十分数学を得意にすることができます。

　最後に繰り返しになりますが、数学が苦手になる一番の原因は、数学の概念の認識と理論の理解ができていないことにあります。小学校・中学校での学習のあり方やとらえ方が最も数学の学習に影響すると私は考えています。

早めに構築すべき
科目別・自学力のベース
【国語編】

平田賢悟（黎明会：山口県）

▶1. 国語の勉強を真面目にしたことがありますか？

　弊塾にいらっしゃる子供たちに、「今まで、国語の勉強をしたことある？」と聞くと、「今まで国語の勉強をまともにしていません」「解き方を教えてもらったことはありません」「今まで塾に通っていたけれど、国語の読解を教えてもらったことはありません」という回答がほとんどです。地域のトップ高校を目指す塾に通う子たちですから、勉強に対する意識はかなり高いほうだと思います。それでも、国語の勉強といえば、小学生は漢字のみ、中学生は漢字に加え、定期テスト前に学校で支給されるワークを解いたり、文法や古文の語句を暗記したりといった程度ではないでしょうか。定期テストでは教科書の範囲に合わせて出題される説明文や物語の本文は決まっているため、漢字や文法だけでなく、読解問題ですら暗記で対応できることが多いです。出題される問題のパターンも決まっていますしね。しかしそれでは、模試や入試などで初見の説明文や小説が出たときに対応できません。読解問題が解けないのです。

「国語は、答えが文章中に必ずあります。読んで探しなさい！」

「何回も読みなさい！」

　こう言われてきませんでしたか？　間違いではないですが、これだけではただの読書となり、設問に合った答えを出すことができません。国語の点数は悪

いが読書は好き、という子もいます。読んで解けるようになるなら、読書好き
は国語が得意ということになりますが、そうではありません。

　では、どうしたらよいのでしょうか。

　今回は読解問題が解けない・国語の問題が解けない原因と、ご家庭でやって
いただきたい国語のベースの作り方についてお話ししたいと思います。

▶2. 国語・読解問題ができない原因

　国語・読解問題ができない原因についてご紹介します。

（1）正しく読めていない

　まず、読解とは文章を読んで理解することです。文章を読むといっても、た
だ文章を目で追うだけではありません。文章中の言葉・語句の意味を理解しな
がら、「正しく」読む必要があります。おそらく読解力の低い人は、「正しく」
読むことができていないのではないでしょうか。「本を読んでも書いてある内
容が全く頭に入ってこない」「短文ならいいが、文章が長くなってくると、主
語と述語が何かわからなくなってしまう」「意味のわからない言葉が出てきて
も、とりあえず文章の最後まで読む」といった読み方では、文章に何が書いて
あったか理解できません。

　それでは、正しく読むにはどうしたらよいでしょうか。まず、私が思う「文
章が読めていない原因」をご紹介していきますね。

❶語彙力がない

　文章を正しく読むには、まず言葉を知らないといけません。語彙力とは「ど
れだけたくさんの言葉を知っているか」です。解答を書いても設問に答えてお
らず、不正解になったり、選択問題でひっかかったりする子供に本文や設問を
音読させてみると、音読はできても細部の言葉の意味がわかっていないことが

多いです。時には読み方もわからないので読み飛ばしてしまいます。ひどいときは、文章中の平仮名しか読めていないということすらあります。選択問題であれば残り2つまでは絞りやすいので、設問と合っている言葉を本文で探すことができれば正解になるはずです。ですが、設問が本文の言い換えの言葉になっていると、意味がわからず探せないようです。

　これが「語彙力がない」ということです。言葉の意味がわからない子供に「何回も本文と設問を読みなさい！」「声を出して読めばよい！」と言っても、問題が解けるわけがありません。一つ一つの言葉の意味がわからないのですから。その場合、読む時間が無駄になりかねません。

❷漢字を見て意味を推測できない

　本を読むことが得意な人は、初見の言葉が出てきても漢字から推測して意味がわかります。たとえば「寂寥感（せきりょうかん）」という知らない言葉が出てきても、「寂」という漢字がわかれば「物悲しい気持ちや様子」と推測できます。ですから文章を読むのに、漢字の意味を知ることはとても重要です。しかし、漢字が「読めない」「書けない」子供も多く、そのような子はさっぱり文章が読めません。漢字も語彙力の一部ですから、しっかり学年相当のことができるようにしてほしいです。漢字がわからないと推測どころか文章を読むこともできません。漢字の勉強の仕方については後ほどお伝えします。

❸世の中のことがわからない／経験・体験したことがない

　文章を読んだときに情景を鮮明に想像できる人は、相手や出題者の立場に立って考えることもできるので、読解問題が得意だったりします。この想像力は、過去の経験・体験をもとに育まれます。「ニュースで見た」「家族で一緒に体験したことがある」などと経験があれば、そのときの情景を思い出し、文章を理解することができます。ですので、「世の中のことがわからない」「経験・体験がない」ことは、正しく文章が読めない原因の一つだと思っています。「世

の中のことがわかる」「リアルな経験・体験をする」ことは感受性を活性化させます。

　一方で、日常で経験・体験したことがなく、世の中のことを知らない子だと、語り手が何を言っているのかわからないので「話が通じない」し「読んでも意味がわからない」というサイクルに陥ります。話をしても返事がなかったり、ハトが豆鉄砲をくったような顔をされたりするときがありますが、そのときは「あっ、この子経験がないな。物事がわかっていない」と感じ、詳しく説明するようにしています。「1伝えて10わかる子供」は、幼少期から経験・体験のたくさんある子だと思います。実体験だけでなく、読書による疑似体験でもよいです。それらの経験・体験のおかげで、文章を読むと情景が浮かび、想像でき、相手の言いたいことをくみ取ろうとする力がつきます。経験・体験がないというのは非常に怖いことです。

（2）要約できない

　ここまでは「正しく読みましょう」という話でした。文章を理解するには、「筆者が伝えたいこと」と「文章の要点」を短くまとめることも重要です。このことを「要約」といいます。文章中の言葉の意味はわかっていても、「どんな話だった？」と聞くと答えられないことがあります。「誰が何をした文章なのか」、「主語と述語」を正しく読み取ることができていないということです。

（3）解き方がわからない

　国語ができない原因の3つめは、「解き方がわからない」です。「この問いはこのように解きなさい」という解き方を今まで教えてもらったことがないのです。問題を解く人によって間違え方やわからない言葉も違うので、学校や塾でも国語の解き方を教えてくれるところは少ないと思います。一斉指導では教え

るのが難しいのではないでしょうか。個別に丁寧に指導しないとできるようにならないと感じています。

これに関しては解法を教えてもらうのが一番です。読解問題の講座を開講されている塾で受講してみてください。また、ご家庭で学習をするのであれば、中高生は下記のおすすめ書籍を参考にしてみてください。ただし、読解問題の講座を受けるといっても、「正しく読めていない」「要約できない」のでは効果がありません。読解の解法は誰でも国語ができるようになる魔法ではないのです。まずはしっかり語彙を獲得して、「正しく読める」ようにしてくださいね。

───────── 📖 **おすすめの書籍** 📖 ─────────

読解の解法についての書籍です。高校生用ですが、中学生でも参考になると思います。

　柳生好之『ゼロから覚醒　はじめよう現代文』かんき出版

─────────────────────────────────

▶3. 家庭でつけていただきたい国語力のベース

ここまで国語ができない原因を挙げてきました。「解き方がわからない」に関しては、読解問題の解法の話ですので、塾などに頼って解き方を教えてもらってください。「正しく読めていない」「要約できない」に関しては、ご家庭でできることがたくさんあります。今からご紹介する方法で、日々国語力のベースを作っていただきたいと思います。それではご紹介しますね。

（1）漢字

❶漢字検定の勉強をしよう

　小学生の家庭学習の場合、**漢字検定**のための勉強をお勧めしています。漢字も語彙力の一部です。ですから、漢字が使える、意味がわかるというのも国語ができるようになるために必要な力です。目標があると勉強しやすいので、漢字検定の受検をしたほうがよいと思います。使用する教材ですが、出版社の指定はありません。漢検教材であれば何でもよいです。中学生の場合は漢字検定の勉強も必要ですが、まずは定期テストで出てくる漢字を漏れのないように確実に獲得していってください。

❷勉強方法

　漢字検定用問題集を使い、漢字の書き方を練習し、意味を知り、その漢字を使った熟語・慣用句・ことわざ・例文を書き写し、音読しましょう。教科書の先取りも悪くありませんが、教科書と関係なく語彙を増やしていくのが理想的です。

❸「1日3字だけ」でいい

「1日3字」の威力は絶大ですよ。1か月で90字、1年で1080字です。現指導要領下の小学校で習う漢字は1026字です。中学校では1110字。**1日3個ずつ獲得すると、1年で6学年分の漢字を覚えられる**ということになります。これならご家庭でもできるはずです。

❹成り立ちから学ぶ

「書ける」「意味がわかる」ようにするのももちろんですが、成り立ちから理解することも重要です。

　例えば小学1年生の問題なのですが、「『コンロのヒがつく』の下線部を漢字にしなさい」という問題があったとします。この問題の解答に、「日」という漢字を書く子供もいます。成り立ちから覚えると、「『日』は『おひさま』のこ

とだから、コンロの『ヒ』ではないな。答えは『火』だ」とわかります。極端な話になりますが、こういうことです。初見の漢字でも「このような意味かな？」と推測できるようになります。

部首からも推測できますよね。「『月（にくづき）』があると体の一部を示すのかな？」など。ちなみに、「月（にくづき）」は、骨付きの肉から「肉」の形になって、これが偏になったときに「月」と似た形になったものです。このような部首の成り立ちから理解できると漢字に強くなります。

────────── 📖 **おすすめの書籍** 📖 ──────────

伊東信夫『改訂版　白川静文字学に学ぶ　漢字なりたちブック』（太郎次郎社エディタス）

を参考にしてみてください。はじめて出てくる漢字はこの書籍で成り立ちから学び、意味や成り立ちをノートや問題集に書き写すことをお勧めします。

────────────────────────────

（2）語彙力

語彙力系の問題集を使うとよいでしょう。普段使わない語彙を意図的に獲得できます。

「怒濤のように」「着の身着のまま」などは、身の回りにない言葉なんですよね。色々な世代の人間と関わり、会話するだけで語彙力がつくわけではありません。普段日常生活では難しい言葉を使っていないですからね。だから、**意識して獲得していくしかないんです**。書籍から語彙をどんどん獲得してほしいです。

語彙力を獲得する方法ですが、漢字と同様に語彙力問題集を解く・音読する・例題を書き写すことを基本として、「1日5個」獲得していきましょう。1か月で150語。身の回りにない言葉を意図的に1年で1800語も獲得できます。

獲得とは「使おうと思ったら使える・読んで意味がわかる」状態です。

📖 **おすすめの書籍** 📖

内藤俊昭監修『学習まんがで語彙力アップ1000』すばる舎

青山剛昌原作・戸谷述夫監修『名探偵コナンの10才までに覚えたい難しいことば1000』小学館

小山秀人・福田尚弘著、アーバン出版局編『改訂版　10才までに覚えておきたいちょっと難しい1000のことば』アーバン出版局

（3）辞書引き

　小・中学生共通の勉強方法です。読解・漢字・語彙、どの問題集でもいいのですが、本文や設問にわからない言葉が出てきたら、線を引き、辞書引きして言葉の意味を問題集やノートに書き写すようにしましょう。わからないことをわからないままにしないことが重要です。また、物の名前を知らないときは、図鑑やネットで検索して画像や動画で見るようにしてください。疑似体験も立派な体験です。

📖 **おすすめの書籍** 📖

辞書引き入門編です。小学校低学年の場合、練習してくださいね。

深谷圭助『はじめての辞書引きワーク　国語辞典編』ベネッセコーポレーション

（4）設問と本文の音読

　小学生であれば、どの問題集も本文が短いですし、本文も設問も音読させるようにしています。目の前で読んでもらうと、わからない言葉に気づくことができます。途中で「ここはどういう意味？」と言葉の意味や内容を問いかけて答えてもらったり、意味のわからない語彙があれば、前述した通り辞書引きして意味を書いてもらったりします。手・口・目・耳を総動員することになり、より効果的に覚えていけます。**問題文の音読は国語に限らず全教科やってほしい**ことです。どんな言葉を知らないのかがわかります。

─────────── 📖 **おすすめの書籍** 📖 ───────────

　読解の基礎の基礎はコチラがおすすめです。中学生でも小学4年から始めるとよいでしょう。小学生は小学1年から始めてもよいでしょう。

　出口汪『出口汪の新日本語トレーニング　基礎国語力編・基礎読解力編』小学館

───

（5）世の中のことを知る／経験・体験

「世の中のことがわかる」「リアルな経験・体験をする」ことが感受性を活性化させると話しました。博物館や旅行に行ったりすることがそのひとつです。遠くにお出かけできなくてもいいんです。まずは簡単なことから始めてみましょう。

❶子供になんでもさせてみる

　普段から、子供になんでも経験させるべきです。よく子供の荷物を持ったり支度をしたりする親御さんがいますが、子供の経験を奪っている場合もあります。インドには「3歳までは神様のように」「3歳から16歳までは召使のよう

に」「16歳以降は友達のように」育てなさい、ということわざがあります。3歳から16歳までは、親が子供に手を出すのではなく、子供に手を貸してもらうくらいがちょうどいいということだと思います。その通りで、体験・経験させることが、相手の気持ちを理解する力や、自分で判断し、行動する力を養います。頑張ってみてくださいね。

❷疑似体験させる

読書することで本の中で疑似体験ができ、文章を読み取るときに役立つのではないかと思っています。

❸時事問題を題材にした書籍を書き写す

ニュース系など、時事問題を題材にした書籍で世の中のことを知っていきましょう。

やってほしいのはニュースや時事解説書の中から100文字程度、一字一句間違えずにノートに書き写し、音読することです。これをすることで世の中の動向がわかるようになります。

以前の子と比べて今の子は書く量が少なくなったのではないかと思っています。筆圧・手の力も弱いと感じます。書き写すことは筆圧や手の力を鍛える訓練になります。新聞もよいのですが、どうせやるならお子様と書店に行って、ニュース系書籍の置いてある棚で一緒に選んだらよいと思います。

―――――――――― 📖 **おすすめの書籍** 📖 ――――――――――

　朝日新聞社編『ニュース総まとめ』朝日新聞出版

　読売 KODOMO 新聞編集室著・編、小学館集英社プロダクション監『名探偵コナン　KODOMO 時事ワード』小学館

『月刊　News がわかる』毎日新聞出版

『朝日新聞で学ぶ総合教材　今解き教室』朝日新聞出版

『News がわかる』は月刊誌です。新聞を購読していないご家庭は、是非購入してみてください。

『今解き教室』は朝日新聞の記事が本文になった問題集です。ニュースの内容も理解できてよいと思います。

これらの書籍で世の中のことを知ってほしいと思います。

（6）要約する

「筆者が伝えたいこと」と「文章の要点」を短くまとめることを要約といいます。これには「誰が何を言っている文章なのか」「主語と述語」を正しく読み取る訓練が必要です。小学校低学年なら物語を音読させて「どんなお話だった？」と質問してみましょう。「誰が？」「いつ？」「どうやって？」「何をした？」と順序だてて聞いてみるのもいいかもしれません。

長文読解になると、「〇〇字にまとめなさい」という要約の問題があります。まずは制限文字数より長めに書いてみてください。そこから「意味が通じるように重要な部分だけ残して、いらない部分を削る」練習をしていけばよいと思います。これが基本です。要約の練習には、問題集をたくさん解くことをお勧めします。

▶4. まとめ

今回、国語ができない原因や、ご家庭で「国語力のベース」をつけるために今から何をすればよいかについてお話ししました。これらは文章が読める子になるために必要なことです。文章が読めるようになり、「読解問題の解法」がわかればどんな問題が出てきても困ることはありません。しかし「語彙力が少ない」「世の中のことを知らない」と文章を読むことができません。ですから語彙力をつけ、経験・体験を積むために、日々、たくさん読んで書いてくださ

い。すると、文章が読めるようになります。**読めるようになるには毎日少しずつコツコツとやり続ける以外に方法はありません。**

　読解力というのは一枚一枚積み重ねた紙の束のようなものです。その一枚がなくても大した差はないかもしれませんが、高いところに到達するには、少しずつ積み重ねるしかないのです。言葉の数は一気に積み重なりません。言葉の意味は経験や体験ともつながっています。ゆっくり時間をかけてそれらを獲得していきましょう。問題を解き、本を読み、わからない言葉があればその都度辞書を引き、意味を理解しながら読む訓練をしましょう。

　これらは、**小学生から始めてください。中学生以下であればどうにでもなる**と思います。中学３年で受験間近ということになれば、まずは漢字のみ必死で覚える。読解問題については、最寄りの塾で読解の講座を受講いただき、解法を学び、力技で何とかするしかないと思います。

　幼児期はご両親も子供に色々な経験をさせたり、本を読み聞かせたりします。ですので、小学校低学年の頃までは言葉の数も多く、よくできる子と思われているでしょう。しかし、小学４年くらいからは友達と遊ぶことに熱中し、子供だけのコミュニティになって大人との関わりも減り、本も読まなくなります。すると語彙力が伸びなくなるのです。気が付いたら中学生。模試や定期テストで国語ができないことが発覚する。必要な語彙数が追いつかなくなって、いつの間にか国語ができなくなってしまうのです。こうなってしまわないように、これから日々しっかりと「語彙力」「経験」「体験」を積み、国語ができるようになってほしいと願っています。

「答えのない問い」に
向き合うための
自学の力について

佐藤陽祐（哲学博士による都立推薦小論文道場：埼玉県）

▶1. オール5の生徒でも書けない作文問題

　東京都立西高校の推薦入試作文は、全国でも最難度の問題です。近年では特に平成29年度の問題が非常に難しかったように思います。言語学者である西江雅之の「世界は『のっぺらぼう』である。」という言葉がたった一文のみ提示され、この言葉について考えるところを書けというハードな出題でした。都立西高校の推薦入試を志望する生徒たちの成績は、おおよそ皆オール5です。しかし、学力は総じて高いのにもかかわらず、皆、本当に作文が書けません。というのも、都立西高校の問題は与えられた言説をどのように「解釈する」のかを問うからです。「解釈する」とはどういうことでしょうか。解釈とは、他者から与えられた表現を受け手の側で独自に理解し、説明することです。この表現は一般に言葉にとどまりません。音楽や映画、絵画や彫刻、舞踏、身振りや顔の表情にいたるまで、表現されたものはそれが表現されたものである限り、他者による解釈の可能性をつねにすでに備えています。したがって、**解釈とはその表現に秘められた新たな意味や価値を見出す創造的な行為でもあります。**それゆえ、与えられた表現から自分が何を考えるのかが重要になってくるわけです。

▶ 2. 自分で考えることができずに泣き始める子どもたち

　解釈には唯一の正解はありえません。したがって、都立西高校が出題する問題は一義的な解答がありえないという意味で、**答えのない問い**だといえます。受験生は答えのない問いにどのように向き合うのかが問われているのです。

　長年、作文・小論文指導をしているとわかるのですが、昨今の生徒たちは総じて**思考の忍耐力が弱い**といえます。テストの成績が非常に良い生徒であっても、それは要領よく知識を吸収したり、暗記したり、適用したりできる能力にすぎず、思考の忍耐力があるわけではないのです。つまり、答えのない問題に対する「答え」をすぐ求めたがる、粘り強く考えることを避け、エコノミカルにかつ安易な方向へ発想する、あるいはヒントを出してもそこからさらに思考を展開できず、大げさではなく思考停止に陥る傾向が顕著であるように思います。この点を分析し生徒たちに指摘すると、指導のなかで泣き始める生徒もいます。もちろん私が生徒を怒ったり、非難しているということではありません。生徒たちに本質的に思考することを求めると、問いに向き合うことができず、自ら思考し発想することができないという事実に耐えられないため、フラストレーションが生じ、泣きだすのです。したがって、たとえ学校の成績が優秀な子どもたちであっても、答えのない問いに向き合うためのレジリエンス（忍耐力・しなやかさ）の力は弱いといえます。このレジリエンスは、当然、テストの点数などとは異なり、数値化することのできない力（非認知能力）です。

▶ 3. 自学は悩むことから始まる

　答えのない問いに向き合うためには、本当の意味で自ら思考し、自分なりの考え方やものの見方をどうにかひねり出すこと（＝自走すること）が求められます。そのためには、他者に依拠・依存することなく、**自分の思考と向き合い、悩み抜き、決断する**ことが必要です。答えのない問いに向き合うことは、自ら

悩み、本質的に思考する方途を自分で学ぶという意味において「自学」だといえます。

　答えがない問いに向き合うためには、安易な答えを出そうとせず、悩み抜く思考の忍耐力が必要となります。悩み考えることが、都立西高校のような最難度の作文・小論文問題に取り組むためには必要となります。さらに、答えのない問いに向き合い、悩み考えることが必要なのは、高校受験における作文や小論文試験に限られません。たとえば、貧困、格差、地球環境問題など社会的な問題は、簡単には解決することができず答えが出ないからこそ社会問題化しているわけです。また、どこに住み、どのような仕事をし、誰とともに過ごし、どのように生きていくべきなのか。人が一人生きるだけでも、あらゆる局面においてそこには唯一の絶対的な正解はありえず、自らの選択を後の行動によって「正解」にしていくような力強さや、しなやかな考え方が求められているといえます。そのつど、私たちは自由であるからこそ、悩み考えることが突きつけられます。中高生が答えのある問題をドリルのように解いているうちはまだいいわけです。しかし、ドリルを解いているだけでは、答えのない問いに向き合いながら生きるための本質的な自学の力は身につきません。

▶4. 哲学のほうへ

　答えのない問いに向き合う学問の筆頭として哲学があります。哲学はこれからの VUCA な時代において、最も武器になると思います。世界のエグゼクティブは、昨今は MBA を取るよりも哲学やアートの思考を求めて大学に入りなおしたり、大学院などに入り、思想や芸術を学んだりする傾向が見られます。というのも、論理的な思考だけではもはや世界が直面する多様な問題には対処できないからです。つまり、論理的な思考だけでは問題に対する解答や解決策におけるコモディティ化（陳腐化）が生じ、クリエイティブな発想や答えが得ら

れないという限界が見えているのです。とはいえ、論理的思考が不要だといっているのではありません。論理的思考に加えて、哲学やアートに固有の創造的な思考様式を取り入れていく必要があるのです。したがって、答えのない問いに対して真摯に向き合うためには、哲学的ともいえる思考様式が必要になるわけです。

　子どもたちも入試問題を通じて、答えのない問いに向き合うことが求められています。**悩み考えることこそが、答えのない問いに向き合うための自学の力**になります。それゆえ、本質的な自学は、悩むことから始まるといえるでしょう。この意味における自学の力は、簡単に身につくものではないことは想像に難くないと思います。作文や小論文などを一人で書く訓練によって、自らものを考え、表現することによって少しずつ鍛えあげることができる力です。人が答えのない問いに向き合うとき、その人は哲学の道に立っているといえます。ようこそ、哲学の世界へ。

早めに構築すべき
科目別・自学力のベース
【英語編】

本松浩一（本松学習塾・進学塾EX：栃木県）

▶1. 氾濫する英語教育の情報に振り回されない

　主要5教科のうち、英語ほど情報が錯綜し、学校教育での指導内容に議論がある科目はありません。小学校での英語の教科化、中学校で使われる教科書の大幅な難化、大学入試共通テストにおける英語の扱い。めまぐるしく変わる教育環境の中で、英語の自学力をどのように養っていくべきか悩まれる保護者の方も多いと思います。

　しかし、どのようなテスト形式になろうが、学校がどのようなカリキュラムを組もうが、**英語学習の基本は変わりません**。氾濫する情報に振り回されず、英語の基礎を自学で固めていけば問題ありません。

▶2. 中途半端に習うほうが危険

　英語は習い始める年齢がバラバラであることが特徴です。幼児の頃から英会話教室に通ったり、英語の音声教材に親しんだりしている子もいる一方で、小学校の授業で初めて英語に触れる子もいます。早期から英語教育を受けていて、小学生の段階で英検2級程度まで合格しているという子もいます。子どもに早期の英語教育を受けさせてこなかった方の中には、焦りを感じる方もいるかもしれません。

しかしながら、**習い始める年齢は、大学受験や高校受験に大きく影響を与えない**というのが指導をしている者としての実感です。早ければ早いほどよいというわけではなく、小学生の時に中途半端に英語を習ってきた生徒が、中学生になって英語でつまずいてしまうという例は少なくありません。反対に、中学校から英語を本格的に始めた生徒が、学年１位の成績を達成するというケースも多数見てきました。

　小学校の時に英会話スクールに通う主な目的は「英語に親しむ」ことだと思います。また、小さい頃から英語に接し、英語の発音やイントネーションに慣れさせるというのも早期に英語教育をさせる目的の一つとしてあるでしょう。その目的自体は間違いではありません。

　ただ、一般的に小学生向けの英語のカリキュラムで到達できるのは中２レベルまでです。早くから英語に触れてきた子にとっては、中１の最初のレベルがあまりにも簡単なので、中学の英語を軽く見てしまう傾向があります。

　それで英語の勉強にあまり時間をかけることなく中２、中３と学年が進んでいくうちに、小学校の時に築いてきた英語の「貯金」がいつの間にか尽き、英語の点数が下がっていることに気づきます。

　それでは、なぜ中学生になってはじめて英語を習い始めた生徒でも、中学生になる前から英語を習ってきた子を追い抜いて成績上位になれるのでしょうか。

　それは、中学生になると国語力をベースにした論理的思考力が身についていることが多いからです。中学生になると英文法を習い始めます。英文法は英語の文の作り方や仕組みなどを論理的に考え理解するための武器となります。そのため、英文法を学び、しっかり論理的に考えることができるようになれば、小学生が６年間かけて習う英語の内容の大半をたった１年で学ぶことが可能になります。

　したがって、小学生の段階では、論理的に考える力を養うことが重要です。

早期に英語を学んでこなかった場合は英文法という武器を身につけるために、論理的に考える力を高めていくことがより大切になります。

▶3. 受験英語・文法学習で身につく基礎力

　日本人は主として受験用に英語を学んできたために、一向に英語が使えるようにならない、と学校の英語教育はこれまでよく批判を受けてきました。従来の受験英語では、本当の英語力が身につかないのではないかと考える方も多いでしょう。

　たしかに、従来の受験英語でカバーできていなかった部分が多くあるのも事実です。しかし、**従来の受験英語が全く役に立たないかといえば、そういうわけでもありません**。特に、英文法を学べば英語の仕組みを理解しやすくなります。

　英語圏で幼少期を過ごしたのであれば、英文法の知識がなくても英語を使いこなせるようになり、入試においても高得点を取ることができるかもしれません。私たち日本人も、日本語の文法を学んでいなくても日本語を使うことができるのと同じです。

　ただ、海外生活経験がある等、周りの人が皆英語を使用する環境で育ったのでなければ、日本にいながら英語に慣れ親しむだけで英語力を身につけることは至難の業です。日本人が英語を身につけるための一番の近道は英文法を理解することです。

　従来の英語教育は文法中心主義と批判されてきましたが、英文法が不要というわけではないのです。そういった意味でしっかりと文法を学ぶことが英語を使いこなすための基盤となります。

　さらに、受験において必要とされるのは英文法だけではありません。語彙、文法構造を把握するための精読、速読力を身につけるための多読。いずれも入

試には不可欠です。受験英語でこれらを身につけ、実践することで英語を使いこなすために必要な基礎的な力をつけることができます。

　ただ、従来の受験英語で十分英語を使いこなせるようになるかというと、そういうわけではありません。従来の英語テストは「読む」ことに偏っていました。学生時代に英語を習ったので「英語は読めるんだけど、書けないし、話せない」という方も多いです。

　それでは、どのようにすれば真の英語力が身につくでしょうか。**従来の受験英語で必要とされた力をベースに、足りない部分を補っていけばよいのです。**英語の自学を行う際は、従来の受験英語でも必要とされた語彙や文法の学習に加え、精読や多読もしっかり行います。それにプラスして足りない力を鍛えていけば大丈夫です。

▶4. 決定的に足りない音声の勉強

　従来の受験英語に最も欠けている力とは何でしょう。それは発音やイントネーションなどの音声の学習です。

　日本語と英語は発声そのものが大きく異なります。英語は喉の奥深くから発声するのに対し、日本語は口先のほうで音を発します。またシラブル（音節）も英語が子音・母音・子音でひとかたまりになるのに対し、日本語は母音・子音でひとかたまりになるのが原則です。

　このような発音の違いがあるにもかかわらず、従来の受験英語はペーパーテストが中心で、スピーキングの正確性は二の次になっており、発音指導が軽視されてきました。英語の教員も自分自身が発音指導をしっかり受けずに指導者となり、発音指導を重視していないというケースも多いです。

　国際語としての英語という観点からすれば、それぞれの国のなまりがあってよい、細かい発音にはこだわらなくてよい、言っていることが伝われば問題な

いという考え方もあるでしょう。

　しかし、日本語と英語ではシラブルが異なっているため、日本人が英語を話してもネイティブに伝わらないケースがよくあります。また自分自身で発音できないものは聞き取れない傾向があるため、リスニングも苦手になってしまうことも多いです。

　学校教育の中で適切な指導を受けることが難しいのであれば、自ら正しい発音を学ぶ以外にありません。発音の勉強は自学力を活用するのにもってこいです。

　発音を自学する一番の方法は、**お手本の音声を正確に真似して、録音する**ことです。その際、音の響き、抑揚などがお手本どおりになっているか、厳密にチェックします。特に中高生の場合、お手本をそっくり真似るのではなく、近い日本語に置き換えた発音（いわゆるカタカナ発音）になってしまいがちなので注意が必要です。まるで、ものまね芸人が真似する相手を徹底的にコピーするかのごとく、お手本そっくりになるまで繰り返し練習し、録音してチェックしましょう。

　もちろん英会話に通うなどネイティブと話す機会がある人は、きちんとネイティブから改善点を指摘してもらうのが早道です。ただ、英会話の先生が日本人の発音に慣れていると、問題のある発音でも聞き流す場合もありますので、あらかじめ不適切な発音があれば必ず指摘してもらうように先生に頼んでおくことをお勧めします。

▶5. 語彙力は徹底的な先取りを目指す

（1）語彙力の重要性

　早くから英語を習ってきた子と、中学生になってから本格的に英語を始めた子との間で一番差がつくのは生活関連の語彙力です。小学生が英語を学ぶ際、

日常生活が題材に取り上げられることが多く、生活関連の英単語をよく覚えている小学生は多いです。

　これに対し、中学生以降の英語では日常生活以外の題材も多く取り扱われます。学年が進むにつれ、出てくる語彙も抽象的なものが多くなってきます。小学生の段階では抽象的な語彙はあまり使われないため、抽象語の暗記という点においては、中学から本格的に英語を学び始めた生徒も早期に英語を習ってきた子と同じスタートラインに立てます。ですから、中学校から英語を学び始めた生徒でも、引け目を感じることなく語彙力を増強していきましょう。

　外国語習得の要は語彙力です。早期に語彙力が培われているか否かが受験の成否に直結していることも多いです。また、語彙に学年の制限はありません。まだ中学生だからといって、高校生レベルの語彙を学ぶのが早すぎるということはありません。英語を習い始めの段階から、なるべく多くの語彙を習得できるよう徹底的に先取りする必要があります。

　特に指導要領の改訂により、教科書で取り扱われる英単語数が大幅に増え、早期に英単語を覚えることが今まで以上に重要になりました。

　小学校と中学校で、2,200 〜 2,500 語、高校では 1,800 〜 2,500 語を覚えることになります（合計 4,000 〜 5,000 語）。英検 2 級合格に必要な単語数が 5,000 語前後と言われていますので、早いうちから英検 2 級レベルの語彙力を身につけることを目指しましょう。また最近では難関大学を目指す場合、英検準 1 級レベルまで達している生徒も少なくありません。英検準 1 級合格に必要な 7,500 語前後を高 3 になるまでに覚えておくと、大学受験を有利に戦うことができるので目標にしてほしいです。

（2）英単語暗記を自学で行う際の注意点

　英単語を自学する際には、必ず音声教材を使うようにします。単語帳を見て

日本語訳を言う、という練習だけでは、リスニングやスピーキングには対応できないので注意しましょう。

　単語帳で単語を学ぶ利点は短期間で多くの単語を覚えられることです。しかし、単語帳だけで単語の使われ方など日本語訳以外の知識を深く学習するのは難しいです。長文やフレーズを通して単語の実際の使われ方に触れることで知識を強化することができます。単語帳などを使い、単語そのものを覚える勉強と、長文等をたくさん読むことによりその使われ方を深く学ぶ勉強をバランスよく組み合わせることが大切です。

　また英単語の勉強はテストと相性がよいです。自学で英単語テストを繰り返すことで記憶の定着を強化できます。最近では英単語を学習できるアプリが多くあります。それらを利用することも自学をする上で役立ちます。

▶6. 音読を通して英語の知識を血肉化する
（1）一石四鳥の音読

　英語の自学というと、どうしても問題集を解くというイメージが先行しがちですが、英語は語学であるため、問題集を解いているだけでは真の英語力は身につきにくいです。単に問題を解けるようにする力だけでなく、真に使える英語を身につけるには何が必要でしょうか。それは、ずばり**音読**です。音読は身体のさまざまな知覚器官を使います。テキストの文字を目で見て、口に出して読んで、耳で自分の発音を聞き、脳で理解します。当然、問題を解くだけの勉強よりも定着度が高くなります。

　音読を繰り返すうちに、英語をいちいち頭の中で日本語に訳さなくても英語を英語のままで理解することができるようになります。その結果、読解スピードも速くなるだけでなく、リスニング力も上がります。一石二鳥どころか、一石三鳥、四鳥にもなる効果の高い勉強法です。

（2）音読の注意点

音読は勉強効果が高い自学の方法ですが、ただ闇雲に英語を読むだけだとあまり効果が期待できません。「音読しているけど成績が伸びません」という生徒の多くが、次の注意点を無視していることが多いです。自分があてはまらないかチェックしてみましょう。

❶音読対象の英文をしっかり分析する

まず、知らない単語や熟語の意味や発音を確認します。次に、文の構造（主語と動詞はどれか、修飾・被修飾の関係はどうなっているか等）を分析し、日本語訳を確認します。文の構造を分析せずに、単に日本語訳を暗記しているだけになっていないかを確認します。

❷お手本の音声があるものを素材に使う

教科書をはじめ、最近の教材は音声付きのものが多いです。前述のように発音の勉強は軽視されがちですので、お手本の音声をしっかり真似てみましょう。

最初にお手本の音声の後に続いて音読します（リピーティング）。それができるようになったら、英文を見ながらお手本の音声と同時に、声を合わせて一緒に音読します（オーバーラッピング）。 お手本と同じスピードで音読することになるので、スピード対策になります。この時に音声のスピードについていくことに気を取られて、発音やアクセントがいい加減にならないように注意します。場合によっては、テキストを見ずに、流れてきた音声に少し遅れて影のように音読して追いかけていくシャドーイングを行ってもよいです。シャドーイングは基本的に英文を見ずに行いますが、難しいと感じる場合、英文を見ながら行ってもかまいません。また、シャドーイングはオーバーラッピング以上に発音がいい加減になってしまいがちなので気をつけましょう。

❸何回も繰り返して音読する

英語の知識を血肉化するためには、2、3回の音読では不十分です。日本語

を介さないで腑に落ちるレベルまで持っていくには、少なくとも 20 ～ 30 回を目標に音読してほしいです。

▶ 7. 特別なリスニング対策は必要か？

センター試験から共通テストに変わり、リスニングの素点が大幅に増えました。また英検をはじめとする各英語民間試験でもリスニングの配点は大きくなっています。

ただ、今まで述べてきたとおり、正しい音声を身につけ、語彙力を増強し、音読練習を繰り返せば、自然とリスニング力は上がってくるはずです。**リスニングだけの特別な自学はほとんど要りません。**

リスニングで点数が取れない原因は、音声をきちんと学習していないこともありますが、ほとんどは速読力不足です。文字で書かれている英文は、理解できなければ読み返すことができます。それに対し試験で流れる英語は、聞こえた先から消えていきます。何度も聞き返すことができません。書かれた英文を素早く読んで理解できなければ、音を聞き取って理解することもできません。こういう理由で、リスニングを得意にするには速読力が必要なのです。

速読力をつけるためには音読が欠かせません。自学でリスニングの問題だけを何度繰り返しやってもあまり効果は期待できません。

▶ 8. 英語の基本は変わらない

近年、学校の英語の授業はコミュニケーション重視の授業になっており、授業で文法をほとんど教えないことも多くなっています。生徒同士でペアを作らせて、お互いに質問し合ったり音読をしたりすることが中心となっています。ひと昔前のように先生が英文を読み、その日本語訳を解説するというような単調な授業に比べて、生徒は積極的に授業に関わることが求められているので、

ある面では有意義な授業と言えます。

　しかし、文法がわからず、英語そのものが理解できない生徒が多くなっているのも事実です。アウトプットばかりの授業が続いても英語力は上がっていきません。語彙・文法のインプットが不十分だと、アウトプットする内容も物足りないものになってしまいます。

　英語の試験がどのような形式であろうと、**まずは語彙・文法を中心に自学を進める**。それから**音読を繰り返し**、今まで**軽視されていた音声の学習に取り組む**。このような学習法で大学卒業後も使える真の英語力を身につけることができ、さまざまな英語の試験形式に難なく対応できるようになっていきます。

早めに構築すべき
科目別・自学力のベース

【理科編】

歳弘明（滝沢進学塾：岩手県）

▶1. 自学力のベース

　理科という教科は興味の有無が成績に大きく影響してきます。また、理科が得意な生徒ほど科学に関する知識が多い傾向があります。そういう生徒は自分から多くの知識を取り入れるので、興味や関心はますます広く深くなっていきます。誰かに言われて勉強するより自らの興味や関心に基づいた学びがとても大切です。しかし、現実には多くの生徒が目の前のテストや通知表の成績が気になって、その場限りの勉強になってしまいがちです。特に理科はそうした傾向が強い教科であると感じます。

　このような状況の中で自学力のベースを築くには、「教科書」をいま一度見直すことが大事であると考えます。テストの結果を気にかける勉強ではなく、**ひとつひとつの事柄について納得できるまで理解しようとする勉強をするべき**です。そのためには、学校や家庭においても、それぞれの子どもの特性や学力等を考慮して自分のペースで勉強できる環境を整えていくことが必要です。また、物事に対する視野を広げ、深く考えられるようにじっくりと時間をかけて取り組む姿勢も必要です。どのように理科に興味や関心をもってもらうか、どのように知識や技能・科学的な考え方や見方を身につけてもらうかということについてお話ししていきたいと思います。

▶ 2. 教科書を最大限に活かすために

（1） 教科書の役割を再認識する

　教科書の役割として最も大切なのは、知識や技能を習得することです。ただし、単に暗記すればいいというものではありません。「教科書はいらない」という声もありますが、やはり基本的な知識や技能を身につけるためには、**教科書を軸とした勉強が必要不可欠**であると考えます。科学にあまり興味がない生徒にとっては、教科書が科学に触れる数少ない機会になるので、教科書を理解する方法を身につけることで、科学に少しでも興味を持つことができます。一方で、もともと科学に興味がある生徒にとっても、教科書によって体系的な知識や基本的な技能を身につけるだけでなく、科学的な見方や考え方を身につけることで、さまざまな課題解決のための手法を手に入れることができます。どの生徒にとっても教科書を最大限に利用することは重要であるということを再認識してほしいと思っています。

（2） 教科書の正しい読み方

　まずはどんな意図で制作され、どんな構成になっているかを知ることが教科書を活用する第一歩になります。

　理科の教科書は、基礎知識や技能、科学的な見方や考え方を身につけてもらうために、小学校・中学校・高校と学年が上がるにしたがって、より幅広く高度な内容を学ぶように制作されています。たとえば生物分野では、植物や動物のからだのつくり・はたらき・分類などを小・中・高において学んでいきますが、中学では細胞や遺伝子など、高校では免疫など、学年が上がるにしたがって、より複雑な仕組みを学ぶようになっています。実際の教科書を見てみるとわかると思いますが、文章は比較的少なく、ページの半分近くが色鮮やかな写真やイラスト、見やすい図表などです。理科への興味を高める工夫が満載で、

これらを活用しないのはもったいないと思います。

　では、中学校の教科書の基本的な構成はどうなっているのかというと、

1. 身近な話題を単元への導入として、そこから生まれる疑問を課題として提示する
2. 仮説を立て、それを確認するための実験や観察を行う
3. 実験や観察の結果から考察する
4. 根拠を明確にして結論を文章で表現する

というように、**一筋の流れに沿って単元の内容が説明されています**。これは論理的な思考に沿って理解させることを意識しているためです。

　もう少しわかりやすいように、中学1年生の教科書で学習する「蒸留」の単元を見てみると、

1. 課題「液体どうしが混ざった混合物を分けるにはどうしたらよいか」
2. 仮説「沸点の違いを利用して、1つの物質を取り出すことができないのだろうか」
3. 実験「水とエタノールの混合物を加熱して、出てきた気体の性質を調べる」
4. 結果「混合物には火がつかなかったが、最初の試験管の液体には火がついたので、エタノールが先に出てきたことがわかった」
5. 考察「エタノールの沸点が水の沸点より低いので、エタノールの方が先に出てきたと考えられる」
6. 結論「沸点の差を利用して、液体を加熱して沸騰させ、出てくる気体を冷やして再び液体にして集める方法を蒸留という」

（関連 1.）実験装置のイラストや結果を示したグラフ、液体に火がついたところの写真

（関連 2.）赤ワインの蒸留や石油の分留について

という具合です。

このように、単元を学習する際には、一筋の流れを意識して教科書の本文を読み進めなければいけません。単元の途中から読んでも「何を言っているのかよくわからない」と感じるのはそのためです。**教科書を読むときは、できるだけ単元の最初から順を追って読み進める**ようにしてください。また、教科書の本文の途中には注釈があって、その都度写真や図表を確認するようになっています。じっくり読んでいくと時間はかかりますが、確実に理解が深まるので、面倒だと思っても納得できるまで何度も読み返してください。

▶ 3. 教科書を活用した知識の習得

（1）用語を覚える

なぜ理科の用語を覚えなければならないのかというと、教科の内容が理解しやすくなるだけでなく、目の前の事物を観察するときの解像度が高まるからです。たとえば、中２で「原子」という用語について、「原子はそれ以上分割できない最小の粒子である」という定義や「化学変化によって原子が他の種類の原子に変わったり、なくなったり、新しくできたりすることはない」という性質を学びます。目の前にあるものがすべて小さな原子から成り立っていて、その組み合わせが変化することで物質の形や性質が変わることを知れるのです。そうすると、自分の体もふくめて身近に存在するすべてのものが、目に見えないくらい小さな原子や分子が寄り集まってできているとイメージすることができます。したがって、これまでとは違った見方ができるようになるのです。解像度の高いデジタル写真のように細かいところまでよく見える感じです。

「用語を覚える」というと、一問一答式の問題のように暗記するイメージがあるかもしれませんが、それは違います。**大事なのは、用語の定義を文章で説明できること**です。用語の定義は、教科書にある語句を用いて「なるべく簡潔に言う」ことを意識してください。たとえば、「有機物とは炭素をふくむ物質で

ある」というように、最低限の語数で簡潔に言います。その後に関連する情報を付け加えて、「有機物とは炭素をふくむ物質である。有機物は燃やすと二酸化炭素や水が発生する。また、…。」のようにします。そして、最後に論理的な文章としてまとめるといいでしょう。

これらは記述力を鍛える練習にもなるので、教科書の本文などを参考にして、「AなのでBである」のように根拠を示すパターンや「AはBに比べて○○が大きい」のように比較するパターンなど、書き方をどんどん増やしていくとよいです。最後に質問内容に対して過不足なく解答できているかを客観的な目で確認すると完璧です。

（2）単元の内容を整理する

植物や動物、物質、火成岩のように、具体的なものが大量にある場合は、その特徴をつかむために「分類」を行います。分類を覚えるときには、共通点は何か、相違点は何かといった分類の観点を理解することがポイントです。

また、物体にはたらく力などの目に見えないものや、生物の細胞や遺伝子などの肉眼では見えないものを表現するためには、「模式図」を描きます。模式図を描くときには、線が一本の単純な図形だけを使うのがポイントです。模式図は教科書にもたくさんあるので、真似して描いてみるとよいです。

このように、整理することで全体の構造が一目で理解できるような、俯瞰という新たな視点で事物を捉えられるようになります。

（3）ワークや問題集を活用する

ワークや問題集は、教科書の内容を十分に理解できているか確認するために活用します。わからない問題を明らかにするために、問題を解くときには制限時間を決めます。解けないのが恥ずかしいとか、間違ったところを見せたくな

いとか思う人もいるようですが、わからない問題を明らかにして自分の理解度を客観的に見られるのが自学力を身につけるには大事なことです。また、問題集のレベルはいきなり応用問題や入試問題ではなく、自分の学力に合わせて基本から段階的にアップさせるとよいです。もちろん最終的には、全国の入試問題を解ける実力を身につけてほしいです。

▶4. 教科書を活用した技能の習得

（1）実験や観察に対する姿勢

実験は物体の動きや物質の反応などの変化を測定して、数量的な関係を見出す目的で行います。できるだけ正確な結果を出すために、実験を行う際は一定の条件を保ちつつ、同じ手順を繰り返し行うことが必要です。たとえば、銅と化合する酸素の量を測定する実験では、銅を酸素と完全に反応させるために、銅の粉末をかき混ぜて質量を測ることを繰り返します。

また、観察は観察物の特徴や性質を詳細に記録する目的で行います。たとえば、花のつくりを観察するときには、形や大きさ、色などを記録しますが、同時に、天気や気温、土などについても記録します。実験と同様に一定の条件を保つことが必要だからです。なぜそこまで慎重に実験や観察をするのかというと、有効な結果が多ければ多いほど、考察による結論を正しい方向に導くことができるからです。

学校で行われる実験や観察の内容はあらかじめ決まっていて、結果も教科書に書かれているので、行う必要があるのか疑問に思うかもしれません。しかし、概念的な知識として得た情報量に比べて、目の前で直接見たり、触ったりする体験から得た情報量は格段に大きいものです。学校で実施される実験や観察は数少ない体験ができる場でもあるので、積極的に参加してほしいと思います。

（2）グラフの読み取り方

　グラフの読み取りで大切なのは、実験結果のグラフの形状から「どんな関係があるのか」「どんな傾向があるのか」などを読み取ることです。比例関係であることがほとんどですが、気温と飽和水蒸気量のグラフのように曲線になることもあります。グラフから式がわかると推定値が求められるので、未知のものを推定したり、実験値が正しい値なのかを検証したりするのに利用できます。

　次に、2つのグラフを比較することについて例を挙げて説明します。図1からは、電圧を一定にしたときの異なる抵抗器の電流の大きさが読み取れます。これは、図2の並列回路の各抵抗器の電流の値に対応します。同様に図3では、電流を一定にしたときの抵抗器の電圧が、図4の直列回路の各抵抗器の電圧の値に対応します。このように、グラフの読み取り方がわかると、各回路の性質と関連づけて見られるようになります。

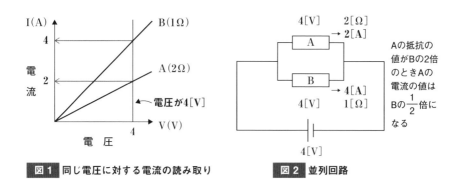

図1 同じ電圧に対する電流の読み取り　　　**図2** 並列回路

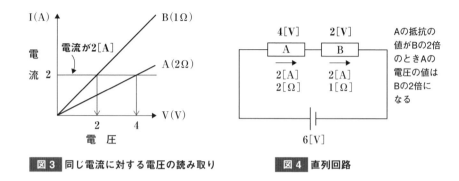

図3 同じ電流に対する電圧の読み取り　　**図4** 直列回路

　余談ですが、現代の科学では、観測値や実験値の入力からグラフの出力まで
コンピュータがやってくれるので、直接手でグラフを書く機会は減っています。
その代わり、グラフの特徴を読み取ったり、関係性を見つけ出したりすること
の方が重要視されています。

（3）理科の計算で大事なこと

　中学校の理科の計算の主なパターンを挙げてみます。

❶単位量あたりの数を計算する

　密度、圧力（大気圧）、地震波の速さなどがあります。
「密度」は単位体積あたりの質量を表します。また、「圧力」は物体どうしが
ふれ合う面に力がはたらくとき、その面を垂直に押す単位面積あたりの力の大
きさを表します。共通するのは「単位量あたりの量」であることです。

❷比例や比を使って計算する

　比例には、フックの法則、オームの法則など、比には、物質の質量の割合、
遺伝子の組み合わせの数などがあります。
「フックの法則」では、ばねののびは、ばねを引く力に比例します。「物質の

質量の割合」では、銅と酸素が化合するとき、銅の質量と酸素の質量の比は一定になります。共通するのは「一方の値が2倍、3倍、…になると、もう一方の値も2倍、3倍、…に変化する」ことです。

❸割合を使って計算する

質量パーセント濃度、湿度などがあります。

「質量パーセント濃度」は溶液の質量に対する溶質の質量の割合（パーセント）を示したものです。また、「湿度」はある温度の1㎥あたりの空気の飽和水蒸気量に対する水蒸気量の割合を示したものです。共通するのは、「基準を1にしたときの割合」であることです。

理科の計算で必要とされる技能は「算数の計算」です。その中でも特に割合・比・比例の関係、小数や分数の計算、単位換算が大事です。**理科の計算が苦手なのは、理科の学習内容の理解が不十分であることだけでなく、算数の計算を理解できていないことが大きな原因**になっています。公式に当てはめて計算することはできていても、それ以外の応用になるとできない生徒は要注意です。また、計算においては単位も重要な要素なので、必ず単位を確認するように習慣づけることが大切です。

▶5. 理科への興味を広げるために

ここまで教科書を活用した「理解に基づく学び方」について説明してきました。もう一つ大事なのは、科学に対する興味を広げるための「体験を伴う学び方」です。

（1）疑問を持とう

毎日の生活の中では、疑問が浮かんでは消えることを繰り返しています。「なぜ雲は空に浮かんでいるのか？」「なぜ葉っぱは緑色なのか？」など、ちょっ

とした疑問が湧いてきたとしても、たいていの人はいつの間にかそのことを忘れてしまいます。だからこそ、**疑問に思ったことはメモに書き留めたり、調べたりするなど、すぐに行動することが大事**なのです。身近なことに対して疑問を持つことによって、「もっと知りたい」という知的好奇心が自然と湧き上がってくるのです。最近はインターネット検索ですぐにいろいろなことを調べることができるので、子ども自身がスマートフォンやタブレットを積極的に利用できる環境をつくってほしいと思います。現実的にはすべての疑問を解決することは難しいので、気になったものをいくつか書き留めておいて、いつかその疑問に再会したときに解決すればよいのです（たいていの場合は解決済のことが多いのですが…）。

　疑問に思うことが見つからないときは、少し違う角度から事物や現象を見てみることが有効です。当たり前だと思っていることに対して「なぜそうなるのか？」と疑問を持つだけでいいのです。「なぜ蛇口をひねると水が出てくるのか？」「なぜスイッチを押すと電気がつくのか？」といった感じです。

（2）本を読もう

　図鑑や百科事典、科学雑誌、写真集、マンガなど、絵や写真が多い本から読むことをおすすめします。手元に置いて、勉強の合間や暇を持て余したときに眺めるだけで多くの事柄を知ることができます。興味のあるところを何度も読むのもいいのですが、たまには適当なページを開いて読むことで、未知の世界に出会うことができるかもしれません。

　本を読むメリットは、教科書で取り上げられていない大量の知識をインプットできるだけでなく、じっくりと時間をかけて思考することやさまざまな想像を膨らませられることです。

　本の中でぜひ読んでほしいのは**伝記**です。小学生や中学生のときに伝記をた

くさん読んでほしいです。特に科学者の伝記はストーリー性が強く、どんなことがきっかけで研究を始めたのか、研究に取り組む過程で直面する困難に対してどう向き合ったのか、そしてどんな成果を挙げたのかなどについて書かれています。お気に入りの伝記に触発されて、科学者や研究者を目指す人が出てくることを期待しています。

（3）なんでも体験しよう

ここでは3つの体験をおすすめしたいと思います。

1つ目は、科学館や博物館など、さまざまな場所に見学に行くことです。「百聞は一見にしかず」と言うように、直接目の前で見たり、体験したりできることに大きな価値があると考えます。「へえ〜、そうなんだ！」「これはすごい！」と、思いがけない感動を味わえるのも魅力です。すべての展示を見て回ることにこだわらず、お気に入りを飽きるまで見たり、体験したりするなど興味の向くまま見ることを大事にしてほしいです。

2つ目は、自分で実験をしたり、何かを作ってみたりすることです。具体的なものが思いつかなければ、本やネットで紹介されている実験や工作を試してみてもいいです。もし実験が失敗したとしても、逆にそこから学ぶことはたくさんあります。頭と身体をフルに使って体験することが大切です。

3つ目は、植物や動物、昆虫などの生き物の生態、月や星などの天体の動き、雲や天気の変化などの観察をすることです。とくに定点観察がおすすめです。同じ場所、同じ時刻に観察した記録を取ります。最近では簡単にスマホで写真を撮ってコメントをつけられるので挑戦してみてください。長い期間にわたって記録を取っておけば立派な研究資料になりますし、そこから新しい発見が生まれるかもしれません。

▶6. 未来に向けての指針

（1）教科としての理科の学習目標

　文部科学省のホームページに掲載されている文章を要約したものを紹介します。

　歴史的には科学は知的好奇心を動機付けとして、真理の探究を目的として成立し、純粋な知識体系を構築してきた。しかし、現在の科学には、研究者の好奇心により研究が進められる「好奇心駆動型の科学」と外部の要請にしたがって研究が進められる「使命達成型の科学」があり、両者が併存している状態である。

　また、教科としての理科は、科学の中でも自然科学、つまり、物理・化学・生物・地学の４分野を学んでいきます。その学習目標は学習指導要領では以下のように示されています。

　自然の事物・現象に関わり、理科の見方・考え方を働かせ、見通しをもって観察、実験を行うことなどを通して、自然の事物・現象を科学的に探究するために必要な資質・能力を次のとおり育成することを目指す。
(1) 自然の事物・現象についての理解を深め、科学的に探究するために必要な観察、実験などに関する基本的な技能を身に付けるようにする。
(2) 観察、実験などを行い、科学的に探究する力を養う。
(3) 自然の事物・現象に進んで関わり、科学的に探究しようとする態度を養う。

　理科の自学力のベースには、まさに「好奇心駆動型」の学びが必要であると感じます。自学力によって身につけた理科の知識や技能、探究する姿勢が、世の中にある多くの課題を解決し、未来を切り開く力になると信じています。

（2）科学者や研究者への道

理科に興味があって、将来は科学の研究者になりたいと思っている人もいるでしょう。将来、科学者や研究者になるためには、どんな資質を備えておくべきなのでしょうか。

❶知的好奇心

「どうしてそうなるのか？」と疑問を抱くことや「もっと〇〇について知りたい！」と興味を示す知的好奇心が求められます。

❷創造性

「なぜ今まで気づかなかったのか？」と言われる新しい見方や考え方を発見する創造性が求められます。

❸協同性

現代は研究者の専門性が高くなっているので、「ぜひこの人と一緒に研究したい！」と思わせる協同性が求められます。

❹分析力

学んで得た知識、鋭い観察眼による分析力、そして論理的思考力によって妥当な結論を導き出すことが求められます。

❺やり抜く力

思うような結果が出ない状況が続いても「自分の仮説を信じて最後までやり遂げるんだ！」と思う強い意志とやり抜く力が求められます。

これ以外にも歴史を学ぶ、社会に関心を持つ、多様な価値観を認める、正しい倫理観を持つなど、幅広い教養を身につけることも必要です。その上で、「自分が本当に研究すべきことは何なのか？」「社会のために自分が貢献できることは何なのか？」を問い続けることも重要になってきます。

早めに構築すべき
科目別・自学力のベース
【社会編】

ごんぼっち（寺子屋本楽寺：石川県・オンライン）

▶1. はじめに

　理科・社会は軽視されがちな科目です。大学入試までは英数国が大事といわれることが多いからでしょうか。しかし大学の学部系統をみてみると、医学部・薬学部・理学部・法学部・経済学部など、ほとんどが理科・社会の内容を研究するところです。数学科や国文・英文学科などわずかを除き、**英数国の力を使って人間・社会・自然を分析するというのが高等教育の内容**です。入試で評価対象になりにくいからと理社を軽視しすぎるのが、大学に入っても結局やりたいことが見つからない原因のひとつではないかと私は考えているくらいです。

　理社は知的好奇心の源泉になりやすい科目です。英数国以上に世の中や自分と学問とのつながりが見えやすい科目でもあります。どの科目でも自学力を磨く上では、受験が近くなってからより小学生や中学生の早い段階から取り組むのがポイントですが、理科・社会は知的好奇心が身に付きやすかったり、将来大学で研究したい内容に触れる可能性があったりと特にそのメリットが大きい科目です。

　「社会は暗記科目だから入試直前でもOK」となおざりにされがちですが、早くから、しかも自学力に結びつきやすい勉強法で取り組んでほしいです。

▶2. 社会の勉強における基本原理

（1）「調べる」「暗記」の両輪を回す

　社会は暗記科目だといわれます。半分正解で半分不正解です。**応用問題でも対応可能な暗記と、応用問題を解くのに邪魔になる暗記とがある**からです。

　応用可能な暗記とは、「映像でイメージできる」ということです。例えば国名を地図上での場所や有名な景色などが出てくるように覚えるのは、一見遠回りの勉強に見えますが、応用可能な知識をつくります。

　地理なら学校で配られている地図帳、歴史や公民なら図説・教科書の豊富な写真などの資料を活用するのが基本です。社会が好きな生徒は、暗記する知識の背後にある人物や歴史のストーリー、国や都道府県・その産業からみえる広がりのある世界、現代社会の問題点を見ることが好きなのであって、暗記するのが好きなわけではありません。

　そして暗記が苦手な生徒は、まず具体的な知識の不足が原因であることが大半です。アンゴラ共和国がどんなところかイメージもできないのに、無理やり覚えても苦痛でしかありません。首都のルアンダと、虐殺が起きたことで有名なルワンダと勘違いしてもしょうがありません。

　加えて、知らないことに対して関心を持つことは人間にはできません。「アンゴラ共和国に行ってみたいか？」と問われても、答えようがないのと似ています。ちなみにサハラ砂漠以南のアフリカの中でも経済発展が著しく、都市部は外務省の海外安全HPでもレベル1（十分注意）になっている数少ない国のひとつです。

　暗記が得意な子の場合でもこの学習方法は有効です。ずっと暗記中心のままで受験を迎えるのがいけないだけなのです。暗記が好きな子が調べ学習をすると、最初は面倒がるかもしれませんが、点と点だった知識が網の目のようにつながってくる面白さを味わえるようになることが多いです。

勉強に調べることが加わると、暗記した知識が非常に活きてきます。そのためにも暗記は必要です。同じ知識でも素早く取り出せるのとそうでないのでは、判断するスピードが違います。

　ただ、中学受験や中学校に入ってからの勉強は、とかく暗記のみを強調しがちです。暗記してはいけないのではなく、暗記と理解（社会の場合は調べること）の両輪を回す必要があるのですが、片方の暗記のみをフル回転させがちです。**特に小学生や非受験学年のうち（特に定期テスト以外の時期）にたっぷりともう片方の「理解」を回しましょう。**

　中学受験における時事問題や高校入学後においては、ニュースがこの「具体的に調べる」ことの一部にあたるようになります。
「暗記」と「調べること」の両方をすることは、暗記したことをテストで点数を取れる・入試で有利というところに留めるのではなく、応用可能な知識や好奇心にまでジャンプさせる可能性を残す勉強方法です。

（2）「興味・関心」の落とし穴

　気を付けてほしいのは、人間が「知らないことに関心を持てない」のも事実ですが、「知っていることについて必ず関心が芽生えるわけではない」ということです。

　子どもを想うあまり、無駄なことは避けなるべく効率よく勉強に取り組んでほしいと願う保護者から、「たくさん調べたのに社会がちっとも好きにならない」なんて言われることがたまにあります。ですが、こういった調べ学習は壮大な種まきみたいなものです。**好きになる可能性を増やしているのであって、必ず・即時に好きになるわけではありません。**

　社会に限らずどの科目でもそうですが、**教育の本質は「遅れてわかる」こと**です。最初から子どものハートを射抜いて夢中にさせるというのは、巡り合わ

せがよかっただけなのです。「本を買ってあげているのに食いつきが悪いです」とか「なかなか興味を持ってくれません」とお思いの親御さんは、この点をぜひご理解ください。

　私事ですが、筆者は大学時代、近現代の日本政治史が専門のひとつでした。小学校から歴史が好きなのに、近現代が好きになったのは大学に入学してからです。つまり歴史大好き歴10年以上経ってはじめて、近現代史の魅力にとりつかれました。その間、関心がないからといって勉強したり、覚えたりしなかったら、大学に入ってから好きになることはなかったと思います。

　マニュアルに沿うように機械的に人間の興味・関心を操ることはできません。「いつまでにこれくらいのレベルの力がついていないといけない」「与えたものがある程度の確率で能力や点数として顕在化しないといけない」と周囲が力めば力むほど、興味・関心とは遠いところにいってしまうものだと、子どものそばにいる大人たちはわかっていないといけません。

　調べることの意味は、抽象的でただ辻褄さえ合えばいいという勉強から、映像でイメージできる知識へと理解を促し、結果的に興味・関心の種まきになることにある、と再度強調しておきます。

（3）暗記偏重がもたらした結果

　暗記偏重の受験勉強の結果、見事に名門高校や有名大学に合格したとして、その後どうなるのでしょうか。これについては作家の佐藤優氏（元外務省主任分析官）が恐ろしい指摘をしています。

　佐藤氏が早稲田大学政経学部3年生と慶應義塾大学総合政策学部大学院生に、『詳説世界史』（山川出版）という高校の世界史教科書で太字になっている用語の年号を100題テストしたときの話です。例えば真珠湾奇襲、広島原爆投下、二・二六事件、ウェストファリア条約など、どの時期に起こったかがわかっ

ていなければ世界のニュースも読めないような、基本的な知識です。早稲田と慶應の生徒たちの平均点は、いかほどだったと思いますか？

　なんと、早稲田が5点、慶應が4.2点だったそうです。100点満点中ですよ。この話は『君たちが知っておくべきこと』（新潮社）という、灘高校の生徒20数名を年一度佐藤氏の部屋に招き、質疑応答する行事の内容をまとめた本の中にあります。余談ですが、この本に弊塾・寺子屋本楽寺の生徒だった子が匿名で登場しています。

　暗記は大事ですが、暗記だけで勉強が終わってしまったがために、せっかく勉強したことが自分自身を見つめるきっかけや、世の中を視る視点に変わることなく、彼らの中で朽ちていったのが大いにわかります。

　1985年に広島に原爆投下なんて答えた子もいたそうです。こういう人はご両親や祖父母がどんな時代に生き、どんな考えを持ったか、それが自分にどういう影響があったかを考えたことはないでしょうし（自分を見つめる視点）、その後世界が核兵器をこぞって開発していき、世界中で核実験が行われたが、世界で唯一の被爆国である日本がなかなか声を上げることができないジレンマがあったことも知る由もないでしょう（世界を視る視点）。

　名門高校でも、いい進学実績を出し続けないといけないプレッシャーから、「勉強していることが何につながるのか」を伝えることなしに、とにかくいい大学へ、とにかくいい偏差値が取れるように、と受験予備校型の学校にせざるを得ない学校がたくさんあります。

　暗記偏重の勉強で止まると、知識の背後に自分や世界・人々がいることを感知できなくなってしまいます。特に社会はその科目の性質上、世の中や社会を視る眼に直結しやすいです。**知識の背後にどんな具体的な事例や人生があって積み重なっているのかを調べながら勉強を進めることで、勉強が本来持っている意味を正しく認識できるようになります。**

（4）調べるときに用いる具体的なもの

❶基本

教科書・資料集・地図帳など学校で配布されているもの

❷補助

1.図鑑

　小学館編集『キッズペディア　世界の国ぐに』小学館

　『るるぶ　地図でよくわかる　世界の国大百科』JTBパブリッシング

　『るるぶ　地図でよくわかる　都道府県大百科』JTBパブリッシング

　小学生だけでなく、中学生や高校生が用いるのも推奨しています。

2.編年体のもの

　まんが『日本の歴史』『世界の歴史』

3.紀伝体のもの

　歴史が嫌いな子は縄文・弥生時代で力尽きることが多いです。その場合は編年体（歴史書の記述方法で、時系列で記述するもの）より紀伝体（人物中心に記述するもの）でいきましょう。例えば、まんがの伝記シリーズがそれにあたります。それだけでなく、国語においても物語と論理的な文章とのブリッジ役をしてくれます。他にも小5以上でしたらNHK取材班編『その時歴史が動いた　コミック版』シリーズ（ホーム社）もおすすめです。

❸応用

　大野新ほか『中学総合的研究　社会』旺文社

　『自由自在　社会』受験研究社

　『わかる！できる！応用自在　社会』学研プラス

小学校・中学校の内容を大きく超えた本なので、特に小学校のように教科書範囲でカバーしきれていない学習に役立ちます。

▶ 3. 具体的な勉強方法：授業を最大限に活用する
（1）授業を活かすノート分割法＝ベースノートを作る

社会の正しい勉強は、具体的なものを調べることだと言いました。全部調べるのは大変ですので、一番は**学校や塾の授業をフルに活かす**ことから始まります。社会の授業における「具体的なものを調べる」にあたる内容は、「教科書・資料集・地図帳などの内容」と「社会の先生の雑談」です。

教科書を用いずに進める先生もいらっしゃるのですが、筆者は授業では必ず「教科書・資料集や地図帳」を机の上にスタンバイさせておきます。授業内で少しでも手が空いたらこれらの該当箇所を開いて、授業内容と照らし合わせながら授業を聞くというのが基本姿勢です。

社会の授業は扱う内容が多いので、2通りの進め方しかできません。ひとつは興味・関心が持てるよう、こぼれ話を豊富に盛り込みながら授業を進める代わりに、教科書の内容全てには触れることができない授業。もうひとつは、雑談を捨てる代わりに網羅的に漏れなく扱う授業。どちらにしても、資料の内容は「時々例として見せる」くらいにしか使うことができません。その授業を補うために、教科書や資料集を隅から隅まで読む機会を授業中にもうけてしまうのです。

授業用のノートにもひと工夫しましょう。**左ページに板書内容を書き、右ページは空けておきます。**

右ページはこういった教科書や資料を読んだときに、関連してはいるが授業では触れられなかった内容や、関連する内容、もっと効率よくまとまっている内容などを記載したり、ページ数を書いておいたりするのに使います。

また、雑談を盛り込んでくれるタイプの先生でしたら、この右ページにその内容をメモすることで、復習するときに記憶に残りやすくなります。当然網羅的に内容を扱う授業にはならないので、漏れた内容を記載するスペースに用います。雑談の内容は、社会の先生が代わりに調べてくれた「具体的なもの」であり、一番無駄が少ない「調べ学習」です。

　もちろん、復習でノートを見たときや自分なりに調べ学習をした後にその内容を付け加えていけると、より素晴らしいノートになると思います。

　こういうノートをひとつ作っておくと、「社会の勉強あるある」ですが、「まとめノートを作るのに時間を費やして、頭には入っていないのに勉強した気になる」という事態を防ぐことができます。ノートをまとめるという勉強は、社会に関しては、最も苦手なタイプの生徒に一番効く勉強法です。

　こういう授業で作ったノートをベースノートと呼んでいます。

　授業の代わりに YouTube などの動画を用いて勉強する生徒もいると聞きますが、絶対にお勧めしません。動画は気軽にアップできるので、かなりいい加減な内容が多くて、観ていて辟易するものが大多数です。もちろん中にはとてもしっかりしている内容の動画もあるのですが、100 のうち 1 あればいいくらいの確率です。一方教科書は、最後のページを見ると、すごい数の大学教授や資料館・教員が執筆者に名を連ねていると思います。彼らが全員で正誤を検証して、1 つの教科書につき 4 年もかけていますから、内容の正確さは比ではありません。

（2）問題演習を活かすノート分割法

「ワークを繰り返し解くために一度目はノートにやる場合」「入試問題や塾用テキストをノートに解くように指示された場合」「主に塾の授業で問題を解いた後その解説を受ける場合」にもこのノート分割法は大活躍します。

今度の分割のしかたは、見開き2ページのノートを左右に分けるのではなく、1ページを分割するだけで十分です。**1ページの左側を3、右側を7の大きさに分割**します。その**左部分に問題を解き、丸付けを行い、右部分の7に解説や分析内容を書きます。**

　右部分の7には、

　1. 不正解だった問題の解説

　2. 自信がなかったが正解していた問題の解説

　3. 選択肢を選ぶ問題の場合、誤りの選択肢は何を引っかけたかったのか

　4. 自信があって正解していた問題でも知らなかった関連事項

の4つを書くのが基本です。社会が苦手な子は1・2・3が最優先で4は余裕があれば、社会が得意な子は2・3・4に時間をかけるという力点の置き方をします。

　そして解いた問題集には印を付けておきます。私は自信がない正解は△、間違えた問題は×を推奨することが多いですが、学習者本人にとってわかりやすいものでいいと思います。問題集をノートにやる場合、繰り返し解くことが前提ですから、繰り返したときに効率よくなるような、また一度調べた内容が思い出せるような引き金を仕掛けておくのが重要です。

　社会における1の間違いは、似た用語との覚え違いの可能性が一番高いです。例えば、御成敗式目と武家諸法度のように。そういう場合は間違えたものの解説と、正解の解説を両方書いておきます。得意な生徒でしたら、4として資料集などで実際の条文などを読んでどんな違いかを書いておくと、この用語の意味が深く理解できるようになります。

　最後の仕上げに、前述したベースノートに戻って、確認します。

（3）テスト見直し活用法

　学校で行われるテストや各種模擬試験などの復習は、その科目が苦手な生徒は間違った問題の解答・解説を読んでおしまい、得意な生徒であったとしても再度同じ問題が出たら解けるかどうかの見直しで終わる生徒が多いです。そこで終わってはもったいない。それらが終わった後に、**前述の見直し勉強法と同じ手順をたどり、最後にベースノートに戻って再確認しましょう。**

　ここで注意点がひとつあります。特に名門中学校・高等学校で聞く話ですが、「中間・期末テストで、先生が趣味で問題を出した（だから点数が取れなかったのは仕方がない）」と言い出す生徒が一定数います。こういった「びっくり問題」が出題される可能性は、社会の場合他の科目より高いかもしれません。高い点数を取りたかった貪欲さと、試験範囲を真面目にこなす姿勢は素晴らしいのです。確かに首を捻る問題もたまに見かけるのですが、「なるほど、そんな出し方や関連性があるんだね」という受け取り方で十分だと思うのです。中間・期末テストにしろ、模試にしろ、**一番の目的は「テストをきっかけに実力を爆上げする」**ことです。いい点数を取ることだけではありません。

　さて、テストの見直しの際に大きく活用したいものが2点あります。ひとつは地理・歴史・公民それぞれで出される長文です。ベーステキストにした授業内容等で、流れや重要ポイントを再確認する一番の機会です。もうひとつは資料（表やグラフ、歴史的な史料や新聞記事など）を用いて読み取る問題です。これもベーステキストに戻って、「どのようなキーワードや数字等から、この分野と関連すると言えるのか」を身に付ける必要があります。

　高校入試や大学入試では、思考力問題が出題される割合がどんどん増えてきています。生徒が従来やっていたような「出た問題を復習する」という見直し方法だけですと、一度見たことがある問題しか解けない状態になってしまいます。しかしその科目が得意な生徒からすると、思考力問題は「とても解きやす

い問題」なんです。その分野の大切な考え方を、生徒が見たことがないであろう出題形式や資料等で出題するだけですので、長文で読むことができる「重要ポイントや流れ」、ベーステキストに戻ることで得られる「関連性」が、こういう思考力問題を解くときのカギになります。先の「先生の趣味にしか見えない問題」も関連性を見出すことが大事と言ったのは、そのためです。

▶4. おわりに〜正確な知識の上に自学力や知的好奇心は成り立つ

自学力を持った生徒を育てるためには、

1. 早くから、
2. 本質に根差した勉強を、
3. 教科書や授業を最大限活かしながらやる。

この3点が大切なポイントです。どの科目にも共通する事柄ではあるのですが、他の科目は1や2に重点が置かれることが多いのに対し、社会は特に3に力点を置いて述べました。

社会は多様なバックグラウンドを持っている先生が多く、中学社会科・高等学校地歴公民の教員免許を取得できる学部を挙げると、法学部・経済学部・経営学部・商学部・教育学部・国際学部・文学部（史学科などの一部学科）などで、他の科目に比べて圧倒的に裾野が広いのです。様々なバックグラウンドから多様な考えを聴ける一方で、かなり多くの人が「それなりのこと」を言うことができる科目でもあります。内容が不正確で非常に偏っているものがもっともらしく出回っていたり、その不正確な内容を伝えることが産業として成立しエンターテインメントとして消費されたりしているのが、残念ながら世界中で起こっている現象です。

まずは**正確な知識を、応用可能な形で学んでいくことがとても大切**だと思うのです。日本で最も正確なのは教科書です。その教科書に基づいて行われてい

る授業を限界ギリギリまで活かしましょう。

　自学力は「自ら学ぶ力」ですが、学びはまず「現在の世の中がどうなっているか、どのように成り立っているかを知る」ことから始まります。世の中に対する正確な知識は教科書に書いてあることが基本です。そして「世の中を知る」ことは、とりもなおさず**「私たちは何のおかげで成り立っているか」**を知ることでもあります。受験や勉強がうまく行きさえすればそれでいいのではなく、それを自学力を身に付けるきっかけにするのが本書の大きなテーマです。そして自学力を身に付けるとはどういうことでしょうか？　それはすなわち**「<私>と世の中との関係を見つけ出す力を身に付ける」**ことです。

　受験や日々の勉強が、彩り豊かな世界になることを祈念しております。

正しく理解することが自学力を高める

阿部翼（徳島国語英語専門塾つばさ：徳島県）

▶1. 正しく理解するためには

　20歳から学習塾という教育現場に立ち約20年。阿波踊り発祥の徳島県にて国語英語専門塾として開業し、2021年で3年となりました。弊社は、「教育を通して自分の力を社会の誰のために使えばいいのか、それが分かる子どもを育てる」を教育理念とし、言語の専門講師として子どもたちの指導をしています。

　この教育理念は、言い換えるならば「**正しく自分を理解できるような教育をする**」ということになるでしょう。では、子どもたちが「正しく自分を理解するため」に、どんなことをし、どんな能力を身につける必要があるのでしょうか？

　例えば、「正しく理解する」ということを、コンビニの個包装のおにぎりの食べ方で考えてみましょう。私が初めて食べたのは、小学5年生の頃。おにぎりがペラペラのフィルムに包まれており、どうやって開けるかも分からず、食べるどころか海苔をバラバラにしてしまいました。「正しい食べ方」を知らずに、周りを散らかしてしまったことを今でも覚えています。

　別視点でも考えてみましょう。おにぎりを包むフィルムの素材です。どんなものかご存知ですか？　あれは、ポリプロピレン・フィルムという素材でできています。では、なぜこれが採用されているのでしょうか？　それは、透明性・

光沢性にすぐれ、なおかつ防湿性と耐熱性にも優れているからです。もっと深掘りするならば、湿気の原因となる水分子の大きさや、その湿気を遮断するポリプロピレンの構造にも言及できるでしょう。

　このように個包装のおにぎり一つをとっても、「正しく理解する」ということにはその「目的」や「用途」という「概念知識」と、「構造」や「原理」という「学問知識」が必要になります。そして、「自分を正しく理解すること」も同様に、「自分がどのようなものであるか」を把握するための様々な知識や、ときには体験が必要不可欠になってくるのです。

▶2. 正しく理解するとは

　そもそも「理解できている」とは、どのような状態を指すのでしょうか？何ができれば「理解できている」と言えるのでしょう？　これを考えるために、まずは「理解できていない」状態とはどんなものであるかを考えてみましょう。

　・書かれている文章を正確に解釈することができない。

　・問われていることに正しく答えることができない。

　・字づらだけを勘違いして受け取り、意味や意図を読み取ることができない。

　・前提知識がないことで、何のことであるかも実感をもって把握できない。

　このように考えてみると、理解できていない状態とは**「分かっていることと分かっていないことを区別できない状態」**と言うことができます。

　だとするならば、「正しく理解する」とは「分かっていることと分かっていないことを明確に区別できる状態」です。これは、「箱の中身当てクイズ」をしているようなものと言えるでしょう。

「それは生きていますか？」「それは丸いですか？」「どんなときに使いますか？」「鉄の棒で叩くとどんな音がしますか？」「何と似ていますか？」このような質問から情報を引き出し、中身の輪郭を明瞭にしていきます。質問の種類

や角度、幅や深さなどによって、より緻密な情報が手に入り、より輪郭は明確になっていくのです。

　つまり、「正しく理解する」ためには、

　1. 分かっていることと分かっていないことを区別するための質問力

　2. その質問から得られる情報から輪郭を判断する分析力

　3. その他の知識と比較し系統分けをする解析力

このような力が必要となるのでしょう。

　しかし、これらの力は何も机の上だけでの学習によって育まれるとは限りません。子どもたちが何かしらに対して夢中になって取り組むとき、自然と培われ育っていく能力であると私は考えています。やめろと言われてもやり続け、飽きることなく貪るようにして興味・関心に対して打ち込む経験は、一見遠回りのようでいて、実際は自学力の土台を作ってくれているのです。

▶ 3. 自学力を高めるためには

　最後に、生徒が自学をする際には、「分かると解けるは違う」ことを理解できているかが非常に重要になります。基本的には生徒たちの自学は、以下のような流れで進むと考えています。

「聞いたことがある」→「知っている」→「分かったつもり」→「分かる」→「ある程度理解している」→「解ける」→「解けない問題が出てくる」→「試行錯誤する」→「正しく理解する」→「解き方や構造を説明できる」

　私はこの過程の中で、「解けない問題が出てくる」ときにこそ、自学力が試されるのだと思うのです。そして、なぜ解けないのかを考え「試行錯誤する」ことで、以下のような力が醸成されていき、これ自体が自学力を支える力となっていきます。

　1. 読解分析力：問題文を読み、問題の意図や意味を分析する力

・問題の構造を分析する力

・条件を把握する力

・定義、定理、公式を復元する力

2. 問題翻訳力：問題の意図や意味を、別の媒体に変換する力

・文字などの抽象度の高いものに変換する力

・図やグラフを使いこなす力

・文章や式を言い換える力

3. 目標設定力：解答の目標を設定する力

・数、式、図などの特徴を見抜く力

・類似問題を連想し、利用する力

・具体化して様子を見る力

4. 解答遂行力：答案を作成する力

・手法を選択する力

・目標に向かって展開する力

・設問を活用していく力

　これらは、俗にいう「地頭力」であり「読解力」とも呼ばれるものに該当するのかもしれません。ですが、これらの力を育む根本となるものが「正しく理解すること」だと私は考えます。自学力を高めることは、そうたやすいことではなく、「○○すれば、すぐに身につく」という短絡的な考えは、自学力とは対極の思考とも言えるでしょう。理解の構造を学習し、自分に何が足りず何をすべきかを試行錯誤しながら、泥臭く自学力を醸成していっていただくことを願っています。

名門高校合格後に燃え尽きない学習法のコツ～知的好奇心の余熱で点数・合格を勝ち取る～

ごんぼっち（寺子屋本楽寺：石川県・オンライン）

▶ 1. はじめに

　一般的に高校受験後には、生徒たちは堰を切ったように遊び始めます。受験勉強のときにとにかく遊びたいのを我慢していたのでしょう。または映像授業などで粛々と高校の予習をするようです。弊塾、進学塾寺子屋本楽寺の生徒も遊びますし、高校の予習もするのですが、そういうことをしながらも受験の期間に読みたいと思っていた本のストックを読破する子が多いです。受験で触れて、続きを読んでみたいと思った文章や、関心が芽生え調べてみたいと思った分野の本が多いようです。

　例えば、2021年に高校受験を終了した生徒たちでしたら、中国十八王朝の歴史書を小説にまとめた陳舜臣『小説十八史略』や、ベストセラーになったハンス・ロスリング他『ファクトフルネス』、国語の授業で扱った遠藤周作『海と毒薬』などを読んでいる子たちがいました。

　受験に対して粛々と頑張るのもかっこいいですが、受験を点取りゲームで終わらせないこんな子たちは、高校でより専門的な内容を習うと紆余曲折ありながらも伸びていきます。

　私はこれを「**知的好奇心の余熱で点数・合格を勝ち取る**」と呼んでいます。

　受験後に伸び切ったゴムのように弛緩してしまうのではなく、このように伸

びる生徒を育てるためには、小中学校の段階からの勉強にコツがあるのですが、その前に、なぜ**受験対策に最適化しすぎると後伸び力がなくなってしまうので**しょうか。

▶2. 受験における「傾向と対策」の落とし穴
（1）実は「あまり出ない」箇所にも意味がある

　志望校に合格してほしいのは、本人はもとより応援している周囲にいる大人たちにとっても切なる願いですが、志望校に合格するのを目的とするあまり、次のような生徒に育ってしまったらどう思われますか？

　日頃、国語の文章を短くまとめる要約問題や英語の英文和訳の問題の課題が出され、そのうち数題がテストに出題される場合、範囲の解答の丸暗記で済ませるような生徒。しかも特定の子だけでなく、クラスの半分くらいの人数が。これは全国の塾長たちから聞いた事例で、しかも地域トップ高であったケースもあります。

　これらの例は、受験のときに課題をきっかけに自らの頭脳を磨くのではなく、テストの点数や偏差値という「他人からの評価」を満たしさえすればそれでよいという乗り切り方を身に付けてしまったのでしょう。いつかどこかで「このままではいけない」と気づいて修正する機会を待つ必要があります。

　しかし、こういう表面的な出来事だけではありません。

　傾向と対策重視で受験を乗り切った生徒は、その科目や単元の理解が致命的な状態になっているケースが多いのです。

　受験の傾向を分析すると、出題される単元に偏りが大きい場合があります。顕著なのは国語で、国文法は配点が5点前後、詩・短歌・俳句・漢文などは何年何十年と出題されていない自治体も多いです。配点が低かったり、出題されなかったりする分野は勉強しなくてよいと指導される場合もあります。受験直

前に滑り込みで対策をする場合は尚更です。

　しかし、例えば書かれている文章を正確に読み込むには、文法的なアプローチや、詩や漢文で用いられている表現技法を読み解く方法が不可欠です。三行や四行にもわたる長い一文がよくわからないときに主語と述語だけ抜き出してみたり、文章の順序を変えて強調（倒置法）しているところから筆者の意図を読み取ったり、似た表現や反対の表現が並んでいる箇所（対句）から思考を整理したり。読む方ですらそうなのですから、書く方になるともっと大切です。

　近年話題になった新井紀子『AI vs. 教科書が読めない子どもたち』（東洋経済新報社）でも、「**中高生の読解力不足の原因は成績層に関係なく、パターン学習で点数を取ってきただけで問題の中身を理解していないから**」という結論でした。

　令和3年度の入試講評で、次年度以降の志願者へのメッセージで次のような内容を発表したところがあります。科目は英語です。

「今回の解答でも、与えられた英文を知っている語彙で無理に直訳したり、フィーリングで意味をつかんで訳したりしているものが散見されました。そういう解答の多くは、**主語と述語の関係が崩れてしまい、日本語として不明瞭**な解答となっていました。解答を終えたら最後に**自分の書いた文が筋の通る日本語になっているか、自分の意図した意味を表した文になっているかを点検してほしいものです。**」（太字は引用者による）

　これはなんと、東北大学の入試講評です。旧帝国大学・難関十大学と評される大学の受験生ですらこの有様です。基本的な確認作業を怠るのはただの怠慢じゃないかと思われるかもしれませんが、彼らにとっては**今の教育に最適化した結果**です。つまり短時間で正解を効率良く取っていくためには、面倒な確認作業や深い読み込みはしない方がいいと学習してきたのでしょう。

　名門高校から名門大学に進学したい生徒が進学先に求められているものは、

出題されやすいところだけ得意なツギハギ能力の方ではなく、いろいろな分野が結びついた確かな学力の方です。

（2）傾向と対策では演習中心のパターン学習になりがち

皆さんの持っている勉強のイメージは「問題を解きまくる→しっかりと直す→繰り返す」というところに留まっていませんか？　そこで留まっている生徒は「問題を少し変えられると急に解けなくなる・わからなくなる」と言ってきます。

これは演習重視の勉強と概念・理解重視の勉強という勉強の両輪のうち、前者だけを全力で回している状態です。

数学がわかりやすいのですが、たいてい教科書や問題集は、公式が載っていて、例題で当てはめて、演習問題で定着させるという体裁を採っています。何事にも一長一短あって、これは学習内容の身に付きやすさという点では有効ですが、「公式を疑わずに当てはめる」「解き方のみを鍛える」態度を助長してしまいます。

数学的な考え方を身に付けるには、この公式はどのような概念を持っているか、なぜ必要か、この問題はなぜ解けるのか、なぜ解けないのか、別の考え方や別の事象でも説明できるのか、といった広い視野に立った考察が不可欠です。こちらを概念・理解重視の勉強と呼ぶことにします。

厄介なのは、演習重視の勉強に徹して、概念・理解重視の勉強を捨てた方が短期間でテストの点数が上がる場合も多いことです。

重ねて言いますが、演習重視の勉強が誤っているわけではありません。概念・理解を重視しすぎるあまり、本末転倒になってしまう例として、「かけ算の順序問題」があります。

「たこが2匹います、足の数は何本ですか？」という質問に対して、2 × 8 ＝

16 と書くと、足が2本のたこが8匹いることになってしまうのでバツという話です。原理としてはかけ算は「何倍」になる方を後ろに持ってくるのが一般的ですので、正しい指導ですが、最初は理解できなくても、演習を繰り返すうちに概念や理解が補足されることはたくさんあります。**演習重視の勉強と概念・理解重視の勉強は相互補完的**なもので、特に演習重視の勉強に留まってしまうままだといけないということです。たこの足問題は説明の時点でわからなくても、他の文章題等で演習していくことで、後ろに「何倍」があることが理解しやすくなることもあるでしょう。

　先ほど例を挙げた「少し問題が変わるとわからなくなる」生徒は、問題を解くことを重視するあまり、その背後にどのような理解が必要かというところまで及んでいないケースだと言うことができます。

（3）小中学校はあくまで「最低限度」の教育
　自治体によりますが、高校入試の平均点が比較的高め・トップ高の合格ラインが8割5分以上で「ミスができない」タイプの都道府県もあれば、高校入試の平均点が低く、トップ高の合格ラインが8割を切るような「解けるところを着実に」タイプの都道府県もあります。

　受験の傾向と対策に最適化してしまうと、前者の入試傾向ですと「簡単な問題で失点しないように」、後者の入試傾向ですと「難問で差は付かないから捨てよう」と指導され、**結局基礎の反復ばかりが重視される**ことが多いです。

　しかし小中学校はあくまで義務教育であって、どのような環境の子どもであっても等しく同じ教育を受けられるというところに最大の意義があります。裏を返せば、「**プラスアルファは自分でやろう**」ということです。そして高校以上は、いかに進学率が高くなった（高等学校進学率は令和元年度98.8%、四年制大学進学率は52.0%　学校基本調査より）とはいえ、行かなくてもいいと

ころにわざわざ手を挙げて挑戦するところです。つまり「プラスアルファがあることが前提」です。

　基礎基本の徹底といえば聞こえはいいですが、進学校であるほど、「プラスアルファをどれだけたくさん持っているか」の勝負になります。しかしそれは入学後のお話で、入口の入試でしか通用しない簡単な問題の反復のみに最適化すると、入学後にギャップを感じるのは当然の帰結です。

　これも今までの話と同じように、簡単な問題の反復をしてはいけないという話ではありません。簡単な問題を馬鹿にして、難しい問題にしか興味を持てない・やる気がしないタイプの子は、典型的な真ん中ちょっと上で頭打ちになるタイプの生徒です。**簡単な問題の反復に留まったり、「出題されない・正答率が低い＝やらなくてもいい」と考えたりすることがいけないのです。**

▶ 3. 自学力～余熱で点数・合格を勝ち取る前提となる力
（1）深める
　寺子屋本楽寺は石川県かほく市という人口わずか3.5万人程度の小さな町にありますが、小学生に首都圏の中学受験レベルの問題や、中学生に全国の難関私立・国立の入試問題を解かせたり、石川県の入試難易度を大きく超えるテストを実施したりします。

　難しい問題を扱うと、既習範囲が本当に身に付いているかがわかります。 簡単な問題だと、基礎力がいい加減だったり、理解せず丸暗記で済ませていたり、概念が入っていなかったりしても、丸がついてしまうのです。つまり、概念・理解が伴っていないと解けない内容になります。

　例えば、小中学校の速さの問題は「み・は・じ」（道のり・速さ・時間）ができていれば解けますが、難しい問題ではそれぞれのどこが比例になって、どこが反比例関係かがわかっていないと混乱するようにできています。

それ以上に大切なのは、**小中学生にとって勉強がつまらなくなる一番の理由は「簡単すぎるから」**だと私は考えているのです。

　条件反射的だったり、過程を丁寧に書かなかったりしても解けてしまうと頭を使う面白さを味わうことができません。頭を使うのは本質的に楽しいことですが、ゲームや動画のように、誰でもすぐ食いつく楽しさではありません。じっくり粘り強く、ある程度長い期間取り組んでようやく面白さがわかるような、スルメのような代物です。しかし義務教育では、習ったことを深く掘り下げる内容に触れる機会が少ないのです。

　習った内容について深く掘り下げておくと、基礎が本当に身に付いて考える楽しさにつながる訓練ができ、勉強が楽しくなる種まきになります。それだけでなく、既習学年の内容をいろいろな考え方からとらえられるようになると、次の学年の内容に進んだときの土台、「後伸び力」が貯まっていきます。

（2）先取り学習には注意が必要

　受験段階でいいますと中学受験、科目でいいますと英語・算数に顕著ですが、深めるより先取りこそが大事と考える方もいらっしゃいます。では質問です。なぜ先取りするといいのでしょうか？

　よく挙がる回答で困ってしまうのが、
「先取りしておかないと受験に間に合わないから」
「先取りしておくと後々楽だから」
の２つでしょうか。ましてや、先取りしているおかげで学校の授業が簡単だとバカにするようになったら、むしろ先取りの害の方が目立つので、先取りの中断すら検討することもあります。

　私が考える**先取りのメリットは、あくまで「深める」ことのひとつにすぎない**のです。中学校や高等学校で先取りするのは「学校の授業の内容をもっと深

く理解できるようにするため」という、どちらかといえば消極的な理由です。一番大きな理由は「**その学年・その単元でしか通用しない考え方を、脱却できる**」ことです。

　たこの足でかけ算の順序を学ぶ問題でいいますと、かけ算ばかりで勉強していくと、生徒はなるべく機械的に処理していこうとします。文章題で数字と「何個分・ずつ・倍」というキーワードだけを AI のように拾って、立式してしまうことになります。さらに、その単元でのみ通用する考え方にこだわりすぎて、例えば計算を工夫するときに順序を入れ換えてもいい場合などに対応できないことがあります。しかし複雑な文章題に取り組むと、上記のような「AI 読み」では解けない問題ばかりになって思考が深まります。また先取りをすれば割り算や割合の単元で、計算の順序問題は再度嫌というほど登場しますし、中学の文字式に入ると数字が前で文字が後ろという原則を習いますので、かけ算の順番が逆になっても問題がないことを学びます。

（3）具体的なものにたくさん触れる

　例えば、算数・数学の文章問題で、途中で単位変換を忘れたり、計算過程の間違いをしたりで、秒速 600m の自転車や、97 歳のお父さん、1 冊 5,000 円のノートのような珍解答が出てくることがあります。それ自体は微笑ましい間違いなのですが、うっかりミスで片付けたり、「しっかりやらないと」で済ませたりしてしまうと大問題です。

　勉強は抽象的な世界です。例えば数字ひとつとっても、数字の大切なポイントはみんな順序に関することばかり重視しやすいのです。だから、お風呂で 1 から 100 まで数えることばかりやるわけです。数にはあと 2 つ、「1 対 1 の対応（同じ性質のものを数字で表す、ぞうが 3 頭・アリが 3 匹でも数字としては 3 を用いる）」、「数の合成・分解」という大切な性質があります。この過程で「大

きい・小さい」「多い・少ない」「加える・除く」といった、大切な概念や用語を知ることになります。すると国語と算数は一体で伸びていきます。

このような必要な段階を踏まずに、1から10まで言えたらいきなり足し算引き算を教え、何度も反復してできるようになったらかけ算割り算に進む。そうすると見事に文章題ができないけれども計算が得意で、国語が苦手という生徒が誕生します。そして学年が進むと「私は理系だから、国語ができなくてもしょうがないね」という、よくわからないことを言うようになります。

いわゆる「進学校」というところには、概念が入っていないのに、数字の小手先の操作ができるだけで、算数・数学が得意だと思い込んでいる生徒がたくさんいます。受験という〆切、その前にはテストという結果を出すための突貫工事で必要な過程を省略して進んでしまったがために、勉強と具体的な世界が結びつかないまま、気合と暗記、周囲との競争、傾向と対策で乗り切ってしまったのでしょう。

勉強は抽象的なもので、その勉強の積み重ねで出来上がっている現代社会もとても抽象度が高い社会です。かつてのように身近な生活の中で具体的なものにたっぷり触れることはできないので、**子どもが小さければ小さいほど、たっぷり具体的に、アナログに触れておくことが大事**なのです。

（4）世の中を知る

鷲田清一という、実生活で起こっている諸問題を哲学で分析しようとする一風変わった大学院を阪大で作った方が、人生相談に応えるコーナーを2年ほど前まで読売新聞で連載していました。ある回の相談相手は、中学校を受験する小6でした。いわく「頑張って勉強しているのに、特に国語の成績が伸びない」。

鷲田先生の回答は、

「受験が目的なのではなく、『その学校に入って何をしたいのか？』がわから

ないと、学力・やる気双方にとって、芯が無い状態になってしまいます。そして、**何がしたいかを探す前に、世界で起こっている様々な出来事を知ってください**。知ったときに君の中に起こるいろいろな感情が、やりたいことにつながってきます。ついでに国語の勉強にもなります」という旨のものでした。

素晴らしいアドバイスに感じ入ったのを今でも覚えています。

中学生や高校生になると、「将来何になりたい？」といきなり聞かれ、わからないと適性検査なるものをやって、志望校の方向性を決めることがあります。そのようにして目標から逆算して今やることを決めるのも大事な方法ですが、今いろいろ思うところの延長線上に志望校を見つけるという方向性と両方あってしかるべきだと思います。実際、今大人の方も、自分のやりたいことを決めて逆算するという方法以外で志望校や進路を見つけた方も多いのではないでしょうか。例えば、今好きなことの延長線上にある進路を選んだ人もいるでしょうし、何も考えずに飛び込んだところでやっているうちに好きになった人もいるでしょう。

もうひとつ大事なポイントは、高等学校に入ると英文・現代文・理科社会の抽象度がぐっと増すことです。現代社会で何が問題になっていて、どういう背景があるかということを知っていないと、何について論じているかすら理解できないことがあります。つまり、**抽象的な高校の勉強にとって、理解の前提となる「具体」は、実際に世の中で起こっている出来事**というわけです。

▶4. 余熱で点数・合格を勝ち取る〜正しい入試を取り戻せ〜

では、傾向と対策によらない入試の乗り切り方とは、どういうものでしょうか。

入試は、自分の進路を自分の力で切り拓こうとする経験です。小手先の傾向と対策に溺れず、真正面から向き合う過程で今まで好きではなかった科目や分

野への向き合い方に変化が出てくるはずです。

　点数が取れるようになって好きになるときもあれば、理解が深まって楽しくなるときもあります。心の琴線に触れる文章に出合って興味が喚起されることもあれば、授業中の話から自分で調べるようになることもあるかもしれません。近年は思考力を問う入試問題が多くなってきているので、入試問題の意図に感動して関心を持つケースもあります。

　冒頭で、弊塾の生徒が高校入試後に遊んだり高校の予習をしたりしながらも、好奇心を満たす行動をとると言いました。彼らは受験を点取りゲーム・入試日まで我慢して頑張るものと考える一般的な生徒と異なり、関心を広げるきっかけと捉えていたのではないかと思います。

　知的好奇心といえば立派なイメージを持つ言葉ですが、実は我流や独善に陥る危険といつも隣り合わせです。入試は出題分野に多少の偏りはあっても、正確な理解を目指すには満遍なく勉強する必要があるので、我流に傾きがちだった興味関心を調整するという意味では最高の機会です。

　最近は、社会に出てすぐ役に立つものを学校で教えればいいという、とても短絡的な考え方も目立ちます。文系理系という不思議な区分けも、日本では未だに健在です。小中学校レベルの知識は、仮にどんな道に進むにしても最低限度の教養ですので、取捨選択をしない方がいい代物です。これを「**入試の教養バランス調整機能**」とでも名付けましょうか。

　また、入試問題とは膨大な試験範囲の中から、それぞれの科目の専門家が「この分野のこういう考え方を身に付けて、次の教育課程に来てほしい」という意図を持って出すものです。これは中学入試や大学入試になるとより顕著です。学問的には未熟な学生が面白いとフォーカスをあてる分野や単元と、科目の専門家から見て現在や近い将来大切になる考え方が含まれている分野や単元は、異なってしかるべきです。これを「**入試の重要ポイント提示機能**」と名付けま

しょう。

　一般的に入試やテストは、効率的に高得点を取るという点取りゲーム機能に
ばかり焦点があたります。点取りゲーム機能にとって大事なのは瞬間最大風速
的な能力で、それ以外のことは無駄とみえてしまいます。それに対し、教養バ
ランス調整機能・重要ポイント提示機能としての入試は、テストや入試時点よ
り、準備やその後に力点が置かれています。

「余熱で点数・合格を勝ち取る」という方法は、一見すると特別な方法に見え
たかもしれません。ですが、実は**普通も普通、王道の考え方**で、テストや入試
自体がもともと持っていた意義をそのままなぞっているにすぎません。**傾向と
対策という勉強法は、王道の勉強を歩むときの補完用の作戦だったり、王道を
歩まなかった人が一発逆転を狙う奇策にすぎなかったりするのですが、現代で
はなぜか一般的になってしまったといえるでしょう。**

　王道を歩んだ子たちが叩き出す合格実績は華やかに見えますが、正しい過程
を歩んだら、ある程度きちんとした結果が出るのは当然のことです。

CHAPTER 5

自学力と名門公立高校受験

名門公立高校に
チャレンジする
価値

中川重明（明秀館：京都府）

▶1. 名門公立高校の特徴

　全国の名門と呼ばれる公立高校に共通するのは、**生徒の自主性を徹底的に重んずる教育を実践している**ことです。それぞれの高校は校則が非常に緩く、生徒たちが自分たちで考える「余白」が多く残されています。学校は校則の範囲内であれば細かいことはとやかく言いません。生徒たちもその自由に喜びを感じつつも、同時に、その自由は先輩たちが培ってきた責任から成り立つことを自然と学んでいきます。学校から自分たちへの信頼の証でもあることを誇りに感じています。

　クラブ活動に関しても、中学校の時に比べてかなり没頭して夢中で取り組む子が多いです。運動系・文化系など関係なく、自分のやりたいことに対して妥協なく取り組みます。また、文化祭などの学校行事に関しては異常なほどの盛り上がりを見せます。「どうせやるなら一生の思い出になるものを作ろう」という考えから、9月頃に実施される文化祭に向けて6月くらいには盛り上がりを見せるなんてことも珍しいケースではありません。先ほどの校則と同様に、こちらもまた学校側はノータッチです。先生方はあくまでも生徒の自主性を引き出すような最低限の関わり以外はそっと見守ります。

　そして、様々なことに対しての熱量が高い子たちに出会える確率が高いです。

名門公立生の多くは勉強・部活・行事のどれも妥協しないという無理難題に挑戦します。これは時間と体力をうまく使わなければ回りません。だからこそ自分で時間の使い方の工夫をする余地が生まれてきます。

▶ 2. 生徒たち

また、多様な価値観を持った子や、個性の強い子たちが揃っています。中学では一見周りからは浮いているような子でも（概してこの子たちは何かに取り組み始めるとそれに対してのエネルギー量がすごい）、高校ではその個性を認めあえる仲間に出会える確率が上がります。自分の素の部分を出すことに対しての抵抗感が薄れていき、好きなことを好きだということに怖さや恥ずかしさを感じにくくなります。

さらに、先輩たちが難関大学にチャレンジする風土が自然と長年の歴史の中で培われているので、大きな目標を持つことに恥ずかしさや気後れがありません。同じ環境にいる仲間たちと集団で高い目標に向かっていく土壌を長い年月をかけて作り上げています。名門公立高校の多くは浪人してでも第1志望を目指す生徒が多いですが、これは高校生活を過ごす中で、目標に対して妥協しないという文化が自然と生徒に染み渡っている証拠のひとつです。

▶ 3. 入試問題

次に入試問題に目を移してみましょう。名門公立高校は都道府県の共通の問題ではなく、その学校独自の入試問題を出題するところが多くあります。この独自の入試問題は各学校からの**どんな生徒に入学してほしいか**のメッセージでもあります。この独自入試は非常に難易度が高いです。英語の長文問題などは、大学入試共通テストを意識して、大量の長文から情報を拾ってくる力が入試問題に立ち向かううちに自然と身につくように作られています。これらに挑戦す

ることがお子さんの眠っている潜在能力を呼び覚ますきっかけになります。一般的な高校の入試問題にももちろん難易度の高い考える問題や、記述力を試す良問も含まれていますが、それ以上にこの独自入試はよく練り込まれた出題になっています。そして、前述のように名門公立高校の生徒は難関大学に挑戦する生徒が多いので、それに対する高校のノウハウが集積されています。難関大学入試を知っている先生が高校の入学試験の問題を作成されるので、高校入試の勉強をする中で自然と大学入試に必要な力が育まれます。これも名門公立高校にチャレンジする魅力のひとつです。

▶ 4. 伝統

　名門公立高校には先輩たちが代々受け継いできた伝統的な空気感があります。在学中には意識できないことかもしれませんが、その空間の中で高校生活を送ることにより、言葉にできない非言語的な部分が本人の知らぬ間に無意識に刷り込まれていきます。もちろん勉強のレベルは高く、ついていくのがやっとになるかもしれませんが、みんな同じように高校入試に対して不安に思いながらもチャレンジした生徒で学校が構成されます。誰だって不合格は嫌だし、安全校に行く方がしんどい思いをしなくて良いかもしれませんが（安全校を受験することが悪いとは思っていませんし、そもそも安全校に行ったからといってうまくいくかなんてわかりません）、最初から自分にはこの学校は無理と決めつけずに学校に足を運んでみてください。このコラムの中で伝えた学校の空気感は実際にその学校に足を踏み入れてみることで感じられます。お子さんがなんとなくでもやってみようと思ったら、それはチャレンジする十分な動機です。

▶ 5. 忍耐力

　さて、最後にひとつ。上記以外に名門公立高校にチャレンジする価値とは、

そこに至るまでに培う「忍耐力」です。入試本番を迎えるまでにきっと何度も勉強が嫌になって投げ出したいと思うこともあるでしょうし、自分の限界を感じて辛くなる日も何度も訪れます。お子さんが、そういう困難に対して自分なりに工夫してやりきったとしたら、それはその後の大きな底力になります。

　不合格になることも当然ありえます。しかし、**受験までに努力してきた忍耐力というものは決して無駄になりません**。惜しくもチャレンジした名門公立高校に不合格になり、第一志望ではなかった高校へ行くことになったとしても、その後にうまくいくケースが多いです。なぜなら、その子たちは名門公立高校へ行くことを目標としているだけでなく、その先にある難関大学に入学することも視野に入れているからです。たとえそこに入学できなかったとしても、そこで腐ることなく、それまでに培った忍耐力を活かし黙々と目標に向けて勉強に取り組める力を手に入れているはずです。

　高い目標を設定し、自分を追い込み、創意工夫し、届くかどうかわからないものに挑戦する。それは思っている以上に大変です。そして同時にそれは充実した楽しい日々でもあります。

本番に強くなる
受験に活かせる
メンタルトレーニング

衣笠邦夫（碩学ゼミナール：徳島県）

▶1. 成功のイメージトレーニング

（1）成功している自分を頭に描こう

　本番に強い人は、本番中緊張で萎縮することなく、実力をすべて出し切れる人といえます。そのためには、**成功した自分の姿（映像）を頭の中で繰り返しイメージする**イメージトレーニングが有効です。

　最初は焦点が定まらない映像も、何度も繰り返し頭の中で描いているうちにハッキリと鮮明になってきます。上手く頭の中に映像が浮かばない場合は、自分の成功した姿を写真に撮ってそれを眺めることも大きな効果があります。

　たとえば、第一志望校の校門で、合格当日をイメージして満面の笑顔で記念写真を撮る。それを日々見ながら頭の中に合格した自分の映像（イメージ）を繰り返し描き、潜在意識に落とし込んでいく。その際、合格時の自分の胸の鼓動や息づかい、心の様子などもくわしく想像します。また親や友人がかけてくれるお祝いの言葉を想像することも効果的です。これを1日5分、毎日続けると最初は白黒だった頭の中の映像がだんだんとカラーになっていきます。

　脳は現実に起こったこととイメージの区別がつかないので、頭の中で描いた映像（イメージ）を脳は実際に経験したこととして理解し、自信が生まれます。脳内のイメージの場面がリアル・鮮明で、臨場感が高いほど多くの効果が期待

できることは医学的に証明されています。

　以前、私の塾で入試の3日前にインフルエンザにかかって、入試当日は保健室で受験した生徒もいました。入試前日に「気合を入れて！」と頼まれたので、それを拒否し、「特別なことをする必要はない。今までに描いたイメージに向けて、自分らしく全力でやり抜きなさい」と励ましました。結果、無事志望校に合格できました。

（2）科学的裏付け

　米オハイオ大学では、ケガなどによる固定治療期間中に筋肉の萎縮を「イメージによって」抑える実験を実施しました。29名の被験者の手首と手をギプスで固定した4週間の実験の結果、腕の筋肉を使うことを「イメージした」被験者の方が、まったく「イメージしない」被験者に比べて筋力の低下を50％も防げたと発表しています。

　オリンピックの競泳で23個の金メダルを獲得したマイケル・フェルプス選手は、毎晩寝る前に、オリンピックの決勝のレースを正確なラップタイムを再現したイメージを描いていました。

　現実に起こったように臨場感あふれる、鮮明な成功のイメージを脳内に描くことができれば、迷いなく成功に向かって進む自分を実感できます。

▶2. 失敗も学びの機会

「勝負強さ」を発揮するためには、「最悪」の事態を想定することも重要です。高校受験に「不合格」になった場合を想像してみてください。大変な苦しみです。しかし、その1か月後の自分は何をしていますか？　自分の未来を突き詰めて自問自答していくと、ほとんどの場合、再起に向けての「覚悟」を決めた自分を感じることができます。**最悪の事態を想定し、最善のイメージを信じ抜**

くことが「勝負強さ」の秘訣です。

　長女の高校受験の時、彼女に「全力で勉強して、もしも不合格になっても（不合格になって）よかったと言わせてあげる」と言いました。逆境もそのとらえ方次第で、いくらでも学びの機会になるということを伝えたかったのです。結果の責任は全て親が背負ってあげる覚悟をもって子どもの心を軽くしてあげれば、子どもは想像以上に目の前の勉強に集中でき、本番でも力を発揮します。

　オリンピック選手がよく「本番を楽しみたい」と語っているのは、勝負にこだわりすぎて視野が狭くなるのを防ぐためだといえます。その点藤井聡太三冠の師匠・杉本昌隆八段の「正々堂々と戦って敗れたなら、むしろ褒めるべきです」という言葉は至言です（冠数・段位は2021年9月現在）。羽生結弦選手のお父様は「将来は一流の選手である前に、一流の社会人になってほしい」と仰っています。

▶ 3. 自己肯定感を高めるワーク

　勝負強さに欠かせない**自己肯定感を高めるためには、自分の長所を10個書き出すワークが有効**です。今まで面談をしてきた生徒で、その場で自分の長所を10個スラスラ言えた生徒は一人もいませんでした。長所を10個全部出しきるまでに30分位かかるのが普通です。考えてもなかなか自分の長所が言えない生徒には、「『野菜が食べられる』『友達にやさしい』『指がきれい』と言った生徒もいたよ。自分が長所と思えることなら、どんな小さなことでもOKだよ」とアドバイスします。そして本人が納得した、自分の長所10個を毎日ノートに書き写してもらいます。これは、毎日2分でできる作業ですが、これによって生徒の自己肯定感が格段に高まります。体の筋肉と同じように、心の筋肉も鍛えることによって強化されます。

▶ 4. 親の心得とまとめ

　最後に、テスト直前の「親の心得」としては、合格を願わない。親が結果を気にしない。**「全力で努力してくれたら、それだけでいい」と考えることが大切**です。それによって子どもは目の前の課題に集中できます。根拠がなくてもよいので、お子様に「あなたならできる」「あなたなら大丈夫」と言い切ってあげてください。お子様に未知の世界に挑戦する勇気を与えることができます。

　次に合格体験記に生徒が書いたメンタルトレーニングの効果を紹介します。

　「先生方は、正しい勉強方法だけでなく、強いメンタルを手に入れる方法も教えてくださいました。強いメンタルを手に入れたおかげで、本番、わからない問題があっても、すばやく気持ちを切りかえることができたのだと思います」
　「衣笠先生のメンタルトレーニングも勉強するときの励みになりました。しっかりと苦手に向き合って、それを重点的に勉強しました。メンタルトレーニングのおかげで苦手と向き合うことができるようになりました」

　バスケットボールで県の選抜選手となり、受験の終盤、中3の12月まで部活と受験勉強との両立に苦しんだAさんも心のあり方について合格体験記に書いています。「受験当日が近づくにつれ受験が楽しみになってきて、本当にわくわくしました。自分でもびっくりするくらい自分に自信が持て、緊張はまったくありませんでした。多分、これがやるべきことはすべてやりきったという状態なんだろうと思います」
　メンタルトレーニングは、スポーツだけでなく入試本番でも大きな力を発揮しています。できることから一つ一つ毎日の生活習慣に取り入れることによって、受験においても想像以上の成果が期待できます。

名門公立高校に通わせるメリットを最大限に活かす！ 潜在意識を活用し、自学力を向上させる方法とは

本松浩一（本松学習塾・進学塾 EX：栃木県）

▶1. 名門高校にせっかく合格したのだから

「自学力を磨いて見事名門高校に合格！」周囲から喝采の嵐。そこまではよかったものの、名門高校への合格がゴールになってしまい、高校入学後にパッとしない生徒がいます。その一方で、さらに自分を向上させ続ける生徒がいます。

　高校受験で名門高校に合格することは非常に高い価値があります。せっかく合格して通うのであれば、そのメリットを最大限に活かさないと本当にもったいないです。

　名門高校に通わせている保護者の多くは、我が子が「勉強だけできればよい」と考えているわけではありません。高校３年間を有意義に過ごし、自学力を高め、勉強だけで終わらないように育ってほしいという方がほとんどではないでしょうか。そうするにはどうすればよいか。それは、心の奥底にある潜在意識の働きをうまく活用することが鍵となります。

　私自身も埼玉県立浦和高校を卒業しています。高校時代を振り返ると、浦和高校に通っていたことをうまく活かせた反面、反省点などいろいろあります。そんな私自身の経験を踏まえながらお伝えしていきます。

　では、子供を名門公立高校に通わせるメリットは何でしょうか。

大学合格実績のほか、切磋琢磨する仲間の存在などさまざまなメリットがあります。ここではそのメリットを、次の3つ

　　①優秀な生徒が多いという環境

　　②勉強だけに終わらないカリキュラム

　　③自由度の高さ

に絞って解説していきます。

▶2. 優秀な生徒が多いという環境

（1）潜在意識の働きとは？

　人間の意識は、顕在意識と潜在意識から成り立っています。

　顕在意識は自らの意思で何かをしよう、こうなろうと思うときに働きます。

　それに対し、潜在意識は自分では気づきにくく、通常は認識できない心の働きです。

　ピアノの練習でも、最初は一つ一つ鍵盤を押さえ、指使いを意識しながら練習しますが、慣れてくるといちいち意識しなくても曲が弾けるようになります。これは繰り返し練習することにより潜在意識に指の動きが落とし込まれたことを意味します。

　また、潜在意識は現状の変化を嫌うという性質があります。昨日まではニコニコして優しい人だったのに、今日は急に怒りっぽくなった。このように自分でも気づかない変化があったら自分自身戸惑うでしょうし、周りもどう接すればよいかわからず困ってしまいます。なるべく同じ状態を維持することが潜在意識にとって安心なのです。今までお金に困っていた人が宝くじに当たったものの、その後の人生がめちゃくちゃになったという話を聞いたことがあると思います。

　潜在意識は、そのような急激な環境の変化が起こっても、それまでの現状の

自分に引き戻そうと作用します。

（2）優秀な生徒が多い環境を活かす

　普通の中学校から名門高校に入学して、急激に環境が変わるような場合も、お子さんに潜在意識のメカニズムが働きます。

　「名門高校に入学すると優秀な生徒が多い環境に置かれるので、その影響を受けて自分の子も優秀になりやすい。だから名門高校に進学させたい」。そう考える保護者の方も多いと思います。

　たしかに、優秀な生徒の影響を受けることで、自分のレベルが上がる側面もあると思います。できる生徒と一緒にいると気持ちも前向きになり、自分も負けずに成長しようとします。

　しかし、実は潜在意識は、そのようなメカニズムになっているわけではありません。**「周りが優秀だから自分も優秀になる」というような単純な心の動きではない**のです。

　前述のとおり、潜在意識は現状を維持しようとします。急激な環境変化を嫌うのです。そのため、優秀な生徒が多数いる環境に急に置かれても、入学前の「普通の自分」を潜在意識が維持しようとします。

　入学直後に生徒からよくされる相談が、「普通の中学出身の自分がこんな優秀な人たちに囲まれて本当についていけるのか」というものです。そこでまず感じるのが自信の喪失です。自信満々で名門校に入学する生徒のほうが少数派です。場合によっては、「あの子はもともと恵まれた環境で育ったから自分とは違うんだ」とか「あの子は帰国子女だからもともと英語ができるのでズルい」など、愚痴が出てしまったり妬んだりする場合もあります。

　ところが、ここから潜在意識のもう一つの側面が発揮されます。入学後、ネガティブな気持ちが高まると、心の安定が脅かされるようになります。すると

潜在意識は、今度はその反対のポジティブな感情を生み出そうとします。優秀な生徒に囲まれて、「自分はダメ」と感じる居心地の悪い状態を抜け出そうとするために必死で努力するようになり、ポジティブな気持ちが出てくるという流れです。

　周りが優秀だからその影響を受けて自動的に自分も優秀になるのではなく、いったんネガティブな感情がわき上がり、その反対へバランスを取ろうとして、ポジティブな自分を出そうとします。そしていったんポジティブな気持ちでいることが当たり前になれば、潜在意識はそのポジティブさを維持するようになります。つまり、充実した高校生活を送るには、潜在意識をいかにコントロールするかが重要になってきます。

（3）鶏口牛後は本当か

　この理屈に当てはめれば、その反対のことも成り立つことがわかります。

　受験前によくある相談の一つに、「無理してレベルの高い名門高校に行って底辺のほうにいるより、受験校のレベルを下げて上位にいたほうがいいのでは？」というものがあります。しかし、そのようにして受験校のレベルを下げて入学した生徒の多くが、残念ながらその高校の上位にいることができていません。

　この背景にあるメカニズムは先ほどの例と同じです。受験校のレベルを下げ合格し入学した直後は、たいてい少しの間はいい気分で過ごすことができます。最初は「他の生徒に比べたら自分はかなりできるほう」と感じることも多いでしょう。自分よりもレベルの低い人たちに囲まれると、優秀でポジティブな自分が潜在意識の中から出てきやすくなります。

　ところが、しばらく時間が経つと、自信過剰で「天狗」になっている自分がさらに行き過ぎないようにするため潜在意識がバランスを取り始めます。行き

過ぎたポジティブな気持ちを抑えるために、自分のネガティブな側面、つまりダメな自分が出てきてしまうのです。周りをあなどった結果、自分自身も努力しなくなり、周りに流され自分もダメになってしまうという流れです。

　最初は居心地が悪かったとしても、多少無理して勉強して、優秀な仲間に囲まれる環境に身を置くことをおすすめする理由は、このような潜在意識のメカニズムがあるからです。

　以上から、名門高校を受験するかどうか迷っておられるご家庭には「**可能な限りレベルの高い名門高校を受けましょう！**」というのが私からのアドバイスになります。

（4）名門高校という環境になじむまでは我慢

　それでは、名門高校に合格した後に気をつけなければならないことは何でしょうか。それは、上で述べた潜在意識のメカニズムをあらかじめ知っておくことです。気をつけなければならないのは、最初はポジティブな思考よりも、ネガティブな思考が現れやすくなっているという点です。

　名門高校に入学すると、「この人たちはすごいけど、なんで私だけできないんだろう」という考えやいじけた気持ちが必ずといっていいほど出てきます。しかし、そこでネガティブに身をゆだねず、踏みとどまり我慢することがとても大切になります。

　堕落することなく我慢し、その環境で踏ん張っていれば報われる。そのことがわかっていれば、入学後に我が子が悩んでいる様子を見ても慌てずに済みます。このような潜在意識にまつわる話を子供に伝えて励ますことができます。そうすれば、自然とそのうちにポジティブな気持ちが芽を出してきます。

　自学力を高めるには心の安定が不可欠ですが、潜在意識のメカニズムを知ることで心が安定しやすくなります。潜在意識の性質を知り、コントロールする

ことができれば前向きな自分になりやすく、高校入試のために磨いてきた自学力にさらに磨きをかけることもできるようになります。

▶ 3. 勉強だけに終わらないカリキュラム

（1）自己暗示と日常習慣

前項では潜在意識の現状を維持しようとする働きを見てきましたが、潜在意識は自己暗示に影響されやすいという特徴もあります。

自己暗示をかける方法は、さまざまあります。「自分はできる」と鏡に向かって何回もつぶやく、成功した自分を繰り返しイメージする…といった暗示のかけ方があります。中でも強力なのは、行動による自己暗示です。同じ行動を繰り返すことで、その行動にふさわしい自分自身を築き上げようとします。

普段からせわしなく慌てている人は、自分自身に「常に慌てている自分」という暗示を気づかないうちにかけていることになります。そういう人が、いざ落ち着いて行動しようと思ってもなかなかできません。**日常習慣の繰り返しがその人を作る**のです。

（2）名門高校の文武両道

名門高校には優秀な生徒が集まるため、素晴らしい大学合格実績を残しているところが多いです。しかも、すごいのは勉強だけではありません。

私が通っていた浦和高校の教育理念は「尚文昌武（しょうぶんしょうぶ）」です（「文武両道」と同じ意味です）。文武両道は多くの高校が教育理念に掲げています。しかし、なかなか実践が伴わず、受験予備校化している高校が多いのも事実です。それに対し浦和高校をはじめとする名門高校の多くは文武両道に成功しています。

私が浦和高校に入学して一番面食らったことは、体育行事の多さです。入学

直後に 10km の新入生歓迎マラソン。1年の夏には臨海学校での遠泳。毎年秋には、なんと 50km の古河マラソンがあります。1年の時は体力をつけるため体育の授業が週4時間ありました。部活も高3の最後まで取り組む生徒が多く、尚文昌武の理念を体現していると実感しました。

（3）名門高校に通うことは究極の自己暗示

高校の価値は大学合格の実績だけでは測れません。ただ、実績を出さなければ優秀な生徒が入学してこなくなるのも事実です。優秀な生徒が入学してこなくなれば高校のレベルは下がり、進学校としての地位は維持できなくなります。それゆえに、標準的なレベルの進学校では、どうしても生徒に勉強中心の高校生活を送らせる方向にシフトしがちです。

言うまでもなく、名門高校は毎年すごい大学合格実績をあげています。そのため、目先の短期の大学合格実績にあまり振り回されず、文武両道を実践したり、思考力や探求力を育てるカリキュラムを組んだりすることができるようになるのです。

このように、受験勉強だけではない本質的な教育を受ける日々を送っていると、その普段の行動の積み重なりが名門高校に通う生徒の潜在意識に対する強烈な自己暗示となります。名門高校に通うことにより、「大学受験の勉強だけにとらわれない、本質的な教育を受ける余裕がある自分」という自己暗示が形成されやすくなります。このような自己暗示ができれば、「本質的な教育を受ける余裕がある自分なら、大学受験なんて余裕で突破できる」という逆の自己暗示にもつながります。

このようにして、名門高校に通う生徒は部活も行事も最後まで全力で行い、大学受験も突破していきます。

せっかく名門高校に通うのであれば、その環境を存分に活かさない手はあり

ません。高校側が要求する課題に正面からぶつかり、部活や学校行事をやると
なれば真剣に取り組む。そういった日々の行動が、自己暗示となり、「大学受
験なんてひとひねり」という状況を生み出すことにつながります。

▶ 4. 自由度の高さ

（1）自由こそが潜在意識を活性化させる

　潜在意識は自由を好みます。何事も人からやらされているという感覚では身
につきません。自分の自由意思で課題を設定し、解決策を考え、実行する。こ
うすることで好奇心が芽生え、真の自学力が形成されていきます。

　また、潜在意識を活性化させるために必要なことは、心を込めて行うことで
す。心を込めれば込めるほど、潜在意識はそれが重要であると認識するように
なります。心を込めるには、嫌々ではなく、楽しんでやる必要があります。楽
しんでやるには、上で述べたように本人の自由意思が不可欠です。

（2）自由な校風

　名門高校に通わせるメリットの一つに、「一般的な進学校に比べ自由度が高
い」という点があります。

　まず生徒への信頼の高さです。浦和高校には校則がありません（登下校時の
制服着用など明文化されていないルールは存在します）。他の名門といわれる
高校も自由を標榜する校風のところが多いです。これは、細かな規定を設けな
くても秩序ある学校生活を送れるだろう、という学校側の生徒に対する信頼が
ベースになっているといえます。

　また、名門高校の多くは課題をたくさん出しません。単なる進学校（俗に自
称進学校と呼ばれたりもします）の場合、課題が大量に出されることが多く、
補習や課外授業が多いのも特徴です。それが結果的に、その子にとって必要な

勉強をする時間が奪われることにつながります。

　学校の課題の中でも、できるようになったかを試す課題（単語テスト・漢字テストなど）は意味があると思いますが、それをやったかどうか自体で判断される課題は自学力向上の妨げになるものが多く、意味がありません。

　すでにできるようになっている課題をやらせるのは時間の無駄です。反対にできない課題は先生からの説明、指導がなければなかなか進みません。難問を何十分と考えて、結果わからず、解答を赤で写すだけというのでは全く意味のない課題となってしまいます。なかには英文や古文・漢文をただ写すだけという課題を出す先生もいます（写経と呼ばれています）。

　このように自称進学校は課題や補習で生徒をがんじがらめにするので、自分にとって必要な勉強をする時間の確保が難しいです。

　すでに述べたように、自学力を育てるには、**自分にとってどのような勉強が必要かを考え実行に移す**必要があります。そのためには相応の時間がかかります。名門高校の課題は一般的に少ないため、その分自分に必要な勉強に時間をあてることができます。自主的に取り組むことで、心を込めて楽しんでやるようになり、潜在意識が活性化します。

　実際に、名門高校に通う多くの生徒がゲームをクリアする感覚で大学受験を突破していきます。悲壮感に満ちている生徒はほとんどいません。

（3）精神的自立が不可欠

　このように名門高校は自由度が高く、生徒が自由意思を発揮しやすい環境にあります。ただその反面、名門高校に通う生徒ほど精神的な自立が求められます。学校から出される課題が少ない以上、人から言われなくても自分でやらなければなりません。自分に甘い子はどんどん置いていかれます。名門高校に通う以上、精神的に自立する努力を怠ってはいけません。

▶ 5. まとめ：名門高校に通うメリットを活かす

　以上のように、名門高校に通う生徒はさまざまなメリットを享受できます。現在中学生のお子さんを持つ保護者の方は、自信を持って「名門高校は素晴らしいよ！」と伝えてあげてください。

　名門高校に入学したら、潜在意識のメカニズムを活かし、充実した3年間を過ごせるようにサポートしてあげてください。

　そして、大学受験という枠だけにとらわれない素晴らしい人材になれるよう後押しをしてあげましょう。

　きっと、名門高校卒業時に、「この学校に入って本当に良かった」とお子さんに感じてもらうことができるでしょう。

自学力が
ある子ほど号令を
しっかりする

ごんぼっち（寺子屋本楽寺：石川県・オンライン）

授業の最初に「お願いします」、終わったときに「ありがとうございました」とどの学校や塾でも号令をしていると思います。なぜ始業と終業で号令をするのでしょうか。先生に対する敬意の表現、それもあるでしょう。もしそれだけなのでしたら、先生まで一緒になって「お願いします・ありがとうございました」と言っているのはなぜでしょう？

▶**1. 先生は「知の媒介者」**

夏目漱石は、日本の良さと西欧の素晴らしさの狭間で悩み続け、神経衰弱（現在でいう鬱病でしょうか）になりながらも執筆をつづけ、ついには修善寺で臨死体験をするほどでした。

中3で習う三平方の定理で有名なピタゴラスは、数を崇拝する教団を作り、その教団の内部情報を漏らす人は容赦なく処刑したといいます。そのせいでピタゴラスの人物像は未だにわかっていません。

哲学者の西田幾多郎は、日本語で独自の哲学を打ち立てたと海外では有名ですが、妻や子どもの看病で実際は海外に出て学ぶことはできなかった人です。

知的好奇心から核エネルギーの研究に没頭し、マンハッタン計画に協力してしまったアインシュタイン、喀血しながら作品を遺し続けた石川啄木、迫害さ

れて国を追われながらも著作を書き続けたルソーなどなど。

　人を害したり、家族を死なせたり、貧乏で苦労したり、時代の流れに翻弄されたり、権力と戦ったり、様々な苦労をしながら、たくさんの人々が学問にその生涯を捧げてきました。学校や塾の先生が教える内容というのは、彼らが積み上げてきた内容であって、私たち自身が発見・発明した事柄ではありません。**私たち「先生」というものは、その学問そのものと、学問に身を捧げてきた様々な人たち、学問によって明らかにされた知見の数々に深く敬意を抱いた、という意味で「生徒たちより先に生まれた」のであって、私たち自身が偉いのではありません。**

▶ 2. 私たちはなぜ学べるのか

　教科書の価格はいくらか知っていますか？　価格を調べてみてください、びっくりするくらい安いですから。そのわりには教科書の最後を見るとたくさんの研究者が執筆し、研究機関や資料館、出版社が協力しています。日本では義務教育は無償となっているので、どうしても必要だった印刷代と紙代くらいの価格で、残りは全て税金で賄われています。

　そして子どもたちは当たり前のように教科書を使っていますが、教科書が無償で、しかも生徒たちが所有できるという国を、私はほとんど知りません。ほとんどの国は有償か貸出（つまり教科書が変わると学校に返す）です。塾用の教材についても、何千人という大人たちが、少しでも理解しやすくなるように日々努力しています。

　私たちの学びは周囲の大人たちによる不断の努力によって、かろうじて支えられているものです。独裁国家や紛争に喘ぐ国の例や、日本でもかつては性別や身分によって学問をできる人自体が限られていたという歴史上の例を挙げるまでもなく、**自由に学ぶことができる状態自体が実は「当たり前」ではないの**

です。

　歴史というと遠く聞こえるかもしれません。私のもうひとつの職業は僧侶ですが、80歳を過ぎたおじいちゃん・おばあちゃんたちは、「私たちが小学校のときは、勤労奉仕で勉強なんかひとつも教えてもらえなかった。若さん（私のことです）の塾に通っている生徒たちが、本当に羨ましい」と、令和の時代に入っても、いまだに言われます。

▶3. 名門校の生徒ほど号令を大切にする

　仏教において仏像を拝むのは、仏像自身が大事なのではなく、その背後にある仏様やその智慧の偉大さを拝むのです。そしてわざわざ「拝む」という行動で表現するのは、心の中で大事だと考えているだけでは周囲の人に伝わらないだけでなく、私たち自身もいつの間にか「わかっているから大丈夫」と自分勝手に考えてしまうからです。

　私たち「先生」を敬ってほしいから号令をしているのではなく、**私たちが媒介している学問という人類の英知たち、それからその学びを支えてくれている様々な環境に対して信頼や尊敬を表現してほしい**と思うからなのです。それらに対して深く信頼と尊敬を抱いているからこそ、私たち自身も皆の前でこうやって形にして表現しているのです。

　例えば、進路で保護者の理解を得られなくて孤独を感じているとき、頑張っているつもりでも結果が出なくて自棄になりそうなとき、不合格を突き付けられて自分の努力を否定されたと感じたとき、先生と対立していると感じてしまったとき、こんなに頑張っているのに周りは自分を認めてくれないと思ってしまったときなど、受験に立ち向かっているときは特に、そう思うときはあるでしょう。学問は孤独なものです。学問の基礎段階にある子どもたちだったら、もっとそうかもしれません。もし勉強していて辛くなったら、こういう勉強の

バックグラウンドについて考えてみてください。意外とぽつんと一人でいるのではなく、色々なところで支えられているものです。

　名門校と言われるところに行く生徒たちは、テストの点数が取れるから素晴らしいのではありません。いい成績が取れるほど頑張ったから素晴らしいのではありません。こういう**自分を支えている目に見えないものに気付いているから**素晴らしいのです。

　ここまで読んでくださった皆様、ありがとうございました。

県立浦和高校受験専門塾 雄飛会

埼玉県さいたま市浦和区北浦和1-21-18-203・207
メールアドレス：yuuhikai.ichiyanagi@gmail.com
ホームページ：http://www.yu-hikai.com

名門公立高校受験道場を主宰。SMALL&STRONG を標榜し、看板もないような小さな塾。超少人数制で自学力を徹底的に鍛え上げ、難関公立高校に合格者を多く輩出。大学受験部門の「早稲田大学に強い文武修身塾」、「総合選抜型入試や小論文対策に強い潜龍舎」とともに圧倒的合格実績を誇る。「塾の評価は、合格実績だけではなく、卒塾生の今後の活躍で決まる」というのが塾長の口癖。私塾の良さをアップデートしながら、「燃費の悪い教育」を柱に、心を耕し、根を伸ばすことで、生徒たちの本当の力を伸ばす。

TOP進学教室

香川県木田郡三木町鹿伏336-1-2F
メールアドレス：info@topshingaku.jp
ホームページ：https://www.topshingaku.jp/

高松高校・高松第一高校・三木高校（文理科）、国公立大・難関私立大を目指す生徒向けの進学塾です。塾長自らが塾生全員の指導に当たり、一人ひとりの志望校、理解度に合わせた「個別演習型指導」を行っています。

EIMEI グループ

（エイメイ学院・明成個別・
Elena 個別女子・EIMEI 予備校）

埼玉県富士見市鶴馬3466-1
メールアドレス：info@eimei-g.net
ホームページ：https://www.eimei-g.net/

埼玉県の東武東上線沿線に11校舎を展開する学習塾グループです。
我々の理念は「教育に夢と感動を。そして少しのユーモアを。」です。「教育学習塾」と名乗っております。塾が勉強をする場であることには変わりはないのですが、受験に向けてただ勉強だけをして学力が上がって合格。それだけではただの塾です。我々は教育学習塾として、生徒たちには、受験やテスト勉強を通して人生を生きていく上で大切な様々なことを学んでほしいと思っております。

日比谷高校受験指導 星進会

オンライン指導のため住所なし
メールアドレス：suwacci1984@gmail.com
ホームページ：https://hibiya-goukaku.com/

日比谷高校合格に必要な対策を1教科から行います。模試や自校作成問題の解説を通して「合格に必要なもの」を具体化し、それを得るための行動内容とスケジュールを作成します。
1週間に1回の「1on1ミーティング」で生徒・講師がコミュニケーションをとりながら1週間の予定を作成し、その達成のための指導や必要なサポートを行います。特に24時間365日質問できる「質問チャット」は毎年多くの生徒から重宝されています。

進学塾 明秀館

京都府城陽市富野西垣内31
メールアドレス：meishukan.since2002@gmail.com
ホームページ：https://meishu-kan.jp/

京都公立御三家に10年間合格者を継続して送り出しています。高校入試で燃え尽きないことを意識して指導を行い、旧帝大を含む国公立大、難関私立大へと飛躍を。結果はもちろん大切ですが、今の自分が成長するために自分が何をすべきかを考えるきっかけを作る場所を目指しています。勉強の型はそれぞれに適した形があり、努力を結果に繋げるための環境がここにはあります。

宇部高校受験専門塾 黎明会 / 宇部高校専門塾 黎明会予備校

山口県宇部市南小串2丁目2-7　CASTLE 小串
メールアドレス：hirata@akebonogakushukai.com
ホームページ：https://reimeikai-ube.com/（黎明会）
https://reimeikai-yobikou.com/（黎明会予備校）

宇部高校
受験専門塾
黎明会

どの年齢のお子様でも、一流大学・海外大学への合格ルートを黎明会が提供致します。
宇部高校受験専門塾 黎明会は宇部高校受験、宇部高校専門塾 黎明会予備校は、宇部高校の生徒に山口大学・広島大学他、難関大学への進学までの環境をご提供する進学塾です。
宇部の人材育成を担うとともに、故郷宇部の発展を願って地域貢献を行ってまいります。
その目的に沿うための能力開発を実践し、教養のあるお子様を育成することで、地域・日本・社会に貢献してまいります。

GS進学教室

難関中学・高校受験
GS進学教室

東京都八王子市子安町2-1-11
メールアドレス：gssk-h@kta.biglobe.ne.jp
ホームページ：http://www.gssk-h.com/

塾名の由来は「Good Smile」。苦しい時ほど笑顔で頑張れる人になってほしいという思いが込められている。開校以来、中学入試・高校入試での難関校への高い合格率が評判を呼び、毎年ほとんどの学年が満席となる人気塾に成長した。2020年より大学受験の指導も本格的にスタートし、早くも最難関大学へ合格者を輩出。塾に、「カウンセリングルーム」「結婚相談所」「FP事務所」等を併設。「子どもたちの一生の幸せ」を全力で支援している。

さくら個別指導学院

Stay hungry. Stay foolish.
さくら個別指導学院

愛知県岩倉市栄町2-94ルビービル2F（岩倉校）
兵庫県伊丹市昆陽3丁目248-1（伊丹校）
メールアドレス：sakurakobetu@ybb.ne.jp
ホームページ：https://sakura-kobetu.jp/

2005年に愛知県で開校。個別指導と自学自習で中学生が楽しく成績を上げる塾として地域1番塾となる。塾のブログが人気を集め、月間最大50万PVを誇る。2020年には兵庫県伊丹市に教室を開校。塾長の3冊の著書は累計2万部を超える。

川高川女合格専門! 爆裂松江塾!

埼玉県川越市松江町2-2-4
メールアドレス：matsuejuku_saito@yahoo.co.jp（齋藤）
ホームページ：http://matsuejuku.net/

川高川女合格専門! 爆裂松江塾! は、川越にある公立トップ校を目指す塾です。
2021年春は、浦和、一女、川高、川女、旭丘（愛知）などの高校に、一つの教室から合計17人が合格しています。高校部でも同様に、今年の春、東大文一、お茶の水、東京外語大、国立看護大、早稲田、慶応などの進学実績が出ています。中学生の定期テストでは、16年連続学年1位が出ています。
オンライン化により、50名以上の生徒が、全国から集まっています。
興味がある方は、メール等でお問い合わせください。

県相数学 青木学院

神奈川県相模原市中央区矢部4-4-1
メールアドレス：info@sagamihara-juku.com
ホームページ：https://www.sagamihara-juku.com

青木学院
相模原 ✓ 数学

神戸大学工学部・東京都立大学人文学部で学んだ塾長が文理の壁を越えて行う個別演習指導で、神奈川県相模原市で県立相模原高校・厚木高校などの県立上位高校・上位大学進学を目指す生徒を指導する塾。基礎基本の徹底を志向した対話指導と数多の「館」体験に裏打ちされた余談とが人気。5歳での算数個人塾デビュー以来、生徒・講師として塾最前線でフレッシュな指導を日夜継続中。

夢盟塾

石川県金沢市三口新町4-4-6（本部校）
メールアドレス：mumeijuku315@yahoo.co.jp
ホームページ：https://www.mumeijuku.com/

夢盟塾

中3生徒の4分の3は、地域トップ1・2の公立高校または国立附属高校に進学する。大量演習・反復演習・集中環境の3本柱のもと、プリントがまさに「山」になるような演習を行う個別演習指導進学塾。塾長は「全国授業スキルコンテスト」にて2年連続全国3位を獲得しており、金沢市内に3校舎展開。小学部では「全国統一小学生テスト（四谷大塚主催）」で県内1位獲得や決勝大会進出を決めた生徒を過去そして現在も複数名輩出。

碩学ゼミナール

徳島県板野郡藍住町笠木字中野171-5
メールアドレス：sekigaku@eos.ocn.ne.jp
ホームページ：https://sekigaku100ten.com/

公立上位高校・国立大学受験専門塾
碩学ゼミナール
SEKIGAKU

附属中学受験、城東高校受験小学生クラスは小学5年生から。中学部では、徳島市立高校理数科をはじめ、城東高校などの県立上位高校に多くの合格実績があります。高校部は、国立大学受験専門塾として設立。豊富な経験と指導力のある講師陣をはじめ、全科目指導、記述問題添削およびメンタルトレーニングなど、志望校合格に必要なすべてがそろっています。碩学ゼミナールは、県下一成績が上がり、学力も人間力も高められ、塾生全員が第一志望校に合格する「本物」の塾を目指しています。

京橋数学塾 A4U

大阪府大阪市都島区東野田町2-9-12ミキビル3F
メールアドレス：a4u.kyobashi@gmail.com
ホームページ：https://kyobashi-a4u.com/

大阪は京橋にて教室を構えております。2011年の開校以来多くの難関大や医学部に合格者を出してきました。数学塾と銘打っていますが理系科目全般の指導を得意としています。中学受験から大学受験まで幅広く対応できるのが自塾の強みです。机上の学習だけではなく様々な体験から何を学ぶかということを大切にしています。学びの中から遊びを見出し、遊びの中から学びを見出すような生徒を育てることを目標に日々指導しています。

桜進学会

東京都武蔵野市境5-6-21
メールアドレス：info@sakusin.net
ホームページ：http://www.sakusin.net

桜進学会は充実の指導時間と環境で、キミの学力向上を全力でサポートします。本書では自由研究を題材に記しましたが、どの教科でも桜進学会が取り組んでいることは同じです。自分自身を日々作っていってもらいます。区切りとして、定期テストや高校受験がありますが、目指しているのは学び続ける姿勢の確立です。楽しさも、厳しさも、その目標を叶えるためには必要なことと考えています。キミがベストであるために。

ハイブリッド式学習塾α -HERIX

東京都江戸川区西葛西7-11-4　光ビル1F
メールアドレス：info@alfa-herix.com
ホームページ：https://alfa-herix.com/

タンパク質の二次構造から名前をとった幼児から医学部受験までを指導する学習塾。東京・神奈川・名古屋に教室を展開する。ゼロから起業した女性代表としては、塾業界的に稀有な存在。また、2020年に1児を出産し、産後5日で現場復帰するパワフルな熱血ママ社長。ただ勉強ができればいいと考えず、将来自立した人間を育成することをモットーとし、生徒一人ひとりの可能性を引き出し導く指導で入会者の9割が口コミ・紹介という地域・家族密着の学習塾。生き方・在り方を指導し、偏差値40台から指導をはじめ、最終的に偏差値60台の高校・大学合格を輩出する。

翠嵐高校合格専門 岡本塾

神奈川県横浜市港北区仲手原2-43-42
メールアドレス：okamotojuku.myorenji@gmail.com
ホームページ：https://okamotojuku.com/

東急東横線沿線の妙蓮寺・菊名・大倉山にて校舎展開し、毎年横浜翠嵐高校をはじめとした公立トップ校に公立高校合格者の過半数が合格しています。高校受験のその後まで続く本質的な学びの提供を心掛けています。

進学塾サンライズ

岡山県岡山市北区伊島町2丁目20-24
メールアドレス：info@sunrise-okayama.com
ホームページ：https://sunrise-okayama.com/

県立岡山朝日高校受験に特化した進学塾。1歳児から高3までを対象とし、自主自律をモットーに、難関大学受験を見据えた指導、幼小中高を通じて生涯役立つ「考える力」を伸ばす。生まれ育った岡山市に2007年開塾。以来、中3の大半が岡山朝日高校に合格だけでなく、大学進学でも東大・東工大・阪大・名古屋大・九州大・岡大医・慶應・早稲田など超難関国立大・有名私立大の合格実績を残している。塾長・講師共に全員岡山朝日高校出身。

哲学博士による都立推薦小論文道場

（雄飛教育グループ 潜龍舎プロデュース）

埼玉県さいたま市浦和区北浦和1-21-18　シャトー雁ヶ音203
メールアドレス：dr.sato.suisen.shoron@gmail.com
ホームページ：https://doctor-of-philosophy1982.amebaownd.com/

東京都立日比谷高校、都立西高校など都立進学重点校に特化した推薦入試対策を行う専門塾です。小論文で差をつけろ！　採点者をうならせる圧倒的「文圧」で合格を勝ち取る極意を徹底伝授！　発想法や論理構成、レトリックの技法、具体例の挙げ方、助詞の使い方にいたるまで、刀剣を作るように徹底して鍛え上げます。また、与えられたテーマについて何を考えるか、どう考えるのかという思考法を講師との本気の対話をとおして磨き上げます。

本松教育グループ　（本松学習塾・進学塾EX）

栃木県那須塩原市三島4-26竹内ビル2階（本松学習塾）
栃木県宇都宮市材木町4-2 松本ビル201（進学塾EX）
メールアドレス：hommatsu@gmail.com
ホームページ：https://www.honmatsu-juku.com（本松学習塾）
　　　　　　　https://www.utsunomiyaex.com（進学塾EX）

本松学習塾：経験豊富な本松塾長がすべての塾生を直接指導。徹底的な個別演習を通じ、宇都宮高・宇都宮女子高・大田原高・大田原女子高等の地域トップ高合格・難関大学合格を目指します。
進学塾EX：宇都宮市の英語専門塾。英検1級の本松塾長がすべての塾生を少人数個別指導。英語を圧倒的に得意にし、難関大学・宇高・宇女高等の栃木トップ高の合格を目指します。英検等の各種英語民間試験対策にも対応します。

滝沢進学塾

岩手県滝沢市鵜飼笹森1-87
メールアドレス：takishin@kxa.biglobe.ne.jp
ホームページ：https://takishin-iwate1.com

盛岡一高受験専門の進学塾。滝沢市、盛岡市の小学生・中学生・高校生対象。自学形式による演習中心の個別指導で志望校合格を目指す。塾長一人が全学年・全教科を教えるという強みを活かして、教科全体のバランスを取りつつ成績をアップさせる。また、大学入試まで見通した指導や教科横断的な指導も行っている。生徒一人一人と真剣勝負をする気持ちで指導に臨む。夢は大きく目標は高く！　幅広い知識を身につけよう！　コツコツと学び続けよう！

進学塾寺子屋本楽寺

オンライン授業有

石川県かほく市宇野気リ207-2
メールアドレス：terakoya.honrakuji@gmail.com
ホームページ：https://terakoya-honrakuji.com/

知的好奇心の余熱で点数・合格を勝ち取る、真宗大谷派の寺院が営む進学塾。
灘高校、中3の半数が金大附属泉丘高校、ボストン大学、2年連続東大、3分の2が国公立大学に合格等の実績。幼児・低学年から基礎概念を大切にしたプログラムで後伸び力を育てるのがモットー。東京藝大院修了女性講師による、こども美術教室も併設。全国オンライン授業対応可。2022年現代書林より単著刊行予定。

徳島国語英語専門塾つばさ

徳島県徳島市仲之町4丁目23やまのビル2F
メールアドレス：j-e-specialized-school@tokushima-tsubasa.com
ホームページ：https://tokushima-tsubasa.com/ace-striker/

徳島県上位高「市立（理数／普通）／城東／城南（応用数理／普通／学区外）／北高（国際／普通／学区外）／高専」、国公立大学・難関私立大学受験の指導を行う国語英語に強い学習塾です。英語検定・推薦入試・AO入試・作文・志望理由添削も対応します。全ての土台は、国語から。今後の受験のキーワードは『読解』です。国語力・読解力を高め、受験で優位な立場を作ります！

おわりに

岡本充央

名門公立高校受験道場事務局長・翠嵐高校合格専門岡本塾 塾長

あなたの考える自学力とは？

ここまでお読みいただき、ありがとうございます。名門公立高校受験道場加盟各塾の塾長に様々なアプローチで自学力について語ってもらいましたが、いかがでしたでしょうか？

IT技術の進化、特にスマホの普及によって革命的に社会構造が変化してきました。たった数年で社会が大きく変化する先の見えないこの時代、学生の時だけでなく大人になっても一生学び続ける必要があり、今後ますます自学力が大事になってくることでしょう。

しかしながら、自学力を養成するための方法は一つだけではないはずです。ご家庭の方針やお子様の適性、また、年齢や理解力に応じて取捨選択していただければと思います。

自学以外にもお子様の可能性を広げる様々な学びのヒントを掲載したつもりです。適宜ご活用いただければ幸いです。

名門公立高校受験道場加盟塾の本質的指導

県立浦和高校受験専門塾雄飛会の一柳塾長の呼びかけで、岡山朝日受験専門塾進学塾サンライズの小﨑塾長と私（横浜翠嵐合格専門塾岡本塾の岡本）の3

人で始めた名門公立高校受験道場。

　設立時の話し合いにおいて、各都道府県の入試制度や入試問題といった差はあれど、「テクニックに溺れず根っこを大事にする」という学びの本質は3塾で驚くほど似ているなと感じました。

　その後、同じ思いを持つ全国の同志に恵まれ、順調に加盟塾が増えてきました。そこで加盟塾内で行う「名門模試」を開催するに至りました。同じ問題を解くことで更なる情報の共有ができるようになり、指導の質・精度もますます向上してきました。

　名門模試の合言葉は「東大で会おう」です。名門模試を通して、都道府県や都市・地方といった垣根を越えて切磋琢磨します。これがかなり熱い戦いになるんです。1点差で○○塾が1位！なんてのはよくある話。

　そして、名門公立高校受験道場加盟塾の生徒は地域の名門公立高校に進み、さらに努力を重ね、その先の未来を切り拓いています。それこそ「東大で会おう」の文字通り、名門公立高校受験道場加盟塾の生徒同士が東大の同窓生にもなっています。中には日本という枠を大きく超えて海外に学びの場を求めていった若者もいます。こういった生徒は当然のように自ら学び、自ら人生の選択をしていったのです。

お近くの名門公立高校受験道場加盟塾にご相談ください

　この本を読んでいただければおわかりいただけるかと思いますが、名門公立高校受験道場加盟各塾は確固たる信念を持って生徒たちと日々向かい合って指導をしております。そして各塾長はとにかく熱い！　指導の話になると一晩中語り合います。それこそコロナ禍になる前に頻繁に行っていた会議では、朝まで熱い議論が繰り広げられていました（コロナ禍ではオンライン会議に置き換わりましたが）。

この熱意溢れる名門公立高校受験道場加盟塾塾長の指導のもと、一生モノの自学力を鍛えてみませんか？

名門公立高校受験道場加盟塾　募集中！

ここで一つ宣伝を。

名門公立高校受験道場加盟塾を募集しております！

特に最近は大手塾による寡占が進んでいる塾業界。そんな中、大手塾にはできない丁寧で熱い指導を行い、地域に支持されている個人塾もあります。そんな素敵な個人塾にも足りないのが同じ志を持ったライバルの存在です。高い志を持った全国の名門公立高校受験道場加盟塾の生徒と競い合い、また、名門公立高校受験道場加盟塾の塾長同士で情報の共有をしてみませんか？

お問い合わせは「名門公立高校受験道場ホームページ　http://meimonkouritsu.com/」までお願いいたします。個人塾を盛り上げていきましょう！

謝辞

最後に、この本が出版されるきっかけについてお話させてください。

池袋にある「英語指導吉田塾」の吉田先生が全てを取り持ってくださいました。

吉田先生なしには、この本は世に出ませんでした。

心から御礼申し上げます。

英語指導吉田塾

https://yoshidajyuku.com/

名門公立高校受験道場(めいもんこうりつこうこうじゅけんどうじょう)
県立浦和高校受験専門塾・雄飛会の一柳忠宏、横浜翠嵐高校受験専門
塾・岡本塾の岡本充央、岡山朝日高校受験専門塾・進学塾サンライズ
の小﨑高寛が情報交換のため集まった際に、母校を愛する3人が意気
投合し、情報交換・ノウハウの交換・全国模試の開催などで切磋琢磨
していこうと設立したのが始まり。その後、全国の実力派個人塾の塾
長の賛同・参画が相次ぎ、現在27都道府県51団体の塾長が参加。名
門公立高校受験道場模試などで各塾生たちが全国レベルで競っている。
生徒数・教室数・合格者数では測りきれない圧倒的指導力にこだわる
職人集団。

めいもんこうりつこうこうじゅけんどうじょうりゅう
名門公立高校受験道場流
じ がくりょく そだ かた
自学力の育て方
じゅけんとっぱ   お
受験突破だけで終わらないために

2021年11月19日　初版発行

めいもんこうりつこうこうじゅけんどうじょう
著／名門公立高校受験道場

発行者／青柳　昌行

発行／株式会社KADOKAWA
〒102-8177　東京都千代田区富士見2-13-3
電話　0570-002-301(ナビダイヤル)

印刷所／株式会社加藤文明社印刷所

●お問い合わせ
https://www.kadokawa.co.jp/　(「お問い合わせ」へお進みください)
※内容によっては、お答えできない場合があります。
※サポートは日本国内のみとさせていただきます。
※Japanese text only

定価はカバーに表示してあります。